안락사 논쟁의 새 지평

– 생의 마지막 선택, 품위있는 죽음을 위하여 –

한스 큉 · 발터 옌스 지음

원당희 옮김

"생명의 시작"이 인간에게 맡겨졌듯이
"죽음의 권리" 또한 인간에게 있다

세창미디어

삶과 죽음의 지평 001

안락사 논쟁의 새 지평
– 생의 마지막 선택, 품위있는 죽음을 위하여 –

초판 1쇄 인쇄 2010년 9월 1일
초판 1쇄 발행 2010년 9월 5일

지은이 한스 큉 · 발터 옌스 | **옮긴이** 원당희 | **펴낸이** 이방원

편집 김명희 · 손소현 · 안효희 · 채지민 | **마케팅** 최성수

펴낸곳 세창미디어 | **출판신고** 1998년 1월 12일 제300-1998-3호
주소 120-050 서울시 서대문구 냉천동 182 냉천빌딩 4층
전화 723-8660 | **팩스** 720-4579
이메일 sc1992@empal.com
홈페이지 http://www.scpc.co.kr

ISBN 978-89-5586-114-3 04330
ISBN 978-89-5586-113-6(세트)
ⓒ 원당희, 세창미디어, 2010

값 20,000원

잘못 만들어진 책은 바꾸어 드립니다.

안락사 논쟁의 새 지평 : 생의 마지막 선택, 품위있는 죽음을 위하여 / 한스 큉, 발터 옌스 지음 ;
원당희 옮김. — 서울 : 세창미디어, 2010
　　p. ;　cm. — (삶과 죽음의 지평 ; 001)

원표제: Menschenwürdig sterben : ein Plädoyer für Selbstverantwortung
원저자명: Hans Küng, Walter Jens
참고문헌과 색인수록
독일어 원작을 한국어로 번역
ISBN 978-89-5586-114-3　04330 : ₩20000
ISBN 978-89-5586-113-6(세트)

안락사[安樂死]
존엄사[尊嚴死]

517.9645-KDC5
614.1-DDC21

CIP2010003132

72세의 한 여성은 뇌손상으로 심장이 멈춘 뒤 혼수상태에 빠져서 인위적으로 생명을 유지하고 있었다. 이런 그녀에게 3년 뒤에는 편안히 잠들 수 있도록 인위적 영양공급을 중단한다면 어떨까? 그녀의 아들과 담당 의사는 그렇게 해야 한다고 생각했고, 병원의 간호요원은 반대의사를 밝혔다. 의사의 지시는 영향력이 없었고, 후견재판소가 결정을 내렸다. 이 결과 인위적인 생명유지가 계속되었다. 환자는 말 한마디 하지 못한 채 혼수상태로 9개월 더 병원에서 누워 있다가, 결국은 아들과 의사에 의해 편안히 눈을 감았다.

이와 같은 처리가 의미 있고 도덕적으로 책임 있는 태도인가? 먼저 법학자에게 묻는다면, 이와 같은 처리가 법적으로 부득이한 것인가? 법원은 유죄를 인정하여 살인미수로 의사와 아들에게 각각 4800

마르크와 6400마르크의 벌금형을 선고했다. 그러나 칼스루에의 연방 재판소는 사건을 지방법원의 다른 부서로 되돌려 보냈다. 기각사유는 처음부터 환자의 의지가 무시되었다는 것으로, 그녀는 사망하기 이미 8년 전에 이런 돌발적인 사태가 발생하면 치료를 중단하라는 의사를 표명했었기 때문이다.

이와 같은 연방재판소의 결정은 의사와 간호요원, 변호사와 법정에 대하여 환자가 더 이상 적극적으로 자기 의사를 밝힐 수 없는 경우조차도 환자의 의지는 전보다 더 강력하게 고려되어야 한다는 것을 의미하고 있다. 이 판결 이후로 환자협회들은 임종을 앞둔 말기환자가 죽음의 최종 단계에서 생명연장의 조처를 받을 것인지 아닌지를 직접 규정하는 유서의 작성을 권하게 되었는데, 이는 합당한 처사로 생각된다. 물론 연방재판소의 결정은 소위 **소극적 안락사**passive Sterbehilfe, 다시 말해 인위적 생명유지를 위한 의료기구 사용의 중지와 이로 인한 생명의 단축에만 통용된다. 그러나 이런 결정에 비추어 환자의 의지가 더욱 강력하게 고려되어야만 한다면, 소위 **적극적 안락사**aktive Sterbehilfe 또한 새롭게 논의되어야 하는 것은 아닐까?

신학자와 문예학자인 우리가 튀빙겐 대학교의—남녀노소를 불문하고 뜻밖에 수많은 수강생들이 저녁 8-10시에 대강당에 모였던—강의에서 〈품위 있는 죽음〉에 관해 논의를 벌이고 있었을 때만 해도, 연방재판소의 판결은 아직 심의 중이었다. 우리 둘은 본래 법에 대해서는 논할 생각이 없었다. 그러나 만일 우리가 "인간은 삶에 대해서뿐만 아니라 죽음에 대해서도 스스로 책임을 져야 한다"는 취지로 소송을 제기한다면, 이번 재판의 결과를 볼 때에 우리의 생각이 기본원칙에서 합당하다는 것을 느낄 수 있다.

우리는 이때 안락사와 관련하여 법학 및 의학적 물음들을 제기하고 있었지만, 적절한 대화 상대자들을 구하지 못한 상태였다. 이제 튀빙겐 의과대학 디트리히 니트하머 교수와 프라이부르크 법과대학 알빈 에저 교수에게 우리의 토론에 적극적으로 참여해 주신 데 대해 진심으로 감사드린다. 우리는 우리의 지지자들과 함께 다음 두 가지를 실행하고자 한다. 첫째, 많은 환자들의 경우 실존적으로 암울한 한계 영역에서 필연적인 의식변화를 이끌어 내고자 한다. 둘째, 우리의 논의를 다른 윤리적 수준으로 끌어 올리고자 한다.

그리하여 우리에게는 인간이 죽음에 대해 스스로 책임질 수 있는가 하는 물음이 — 독선과 근본주의적 궤변 없이 — 냉정하고 엄숙하게, 도덕적으로 진지하게 새로운 차원에서 논의될 수 있는 희망이 생겨난다.

문제는 너무나 의미심장하여 우리는 그것을 전문가의 결정에만 맡길 수 없다. 우리는 우리가 하려는 일이 얼마나 금기시되고 있는가를 잘 알고 있으며, 따라서 우리가 인정하는 적극적 안락사에 대한 지지자들과 함께 다면적으로 내재된 모순을 찾아낼 것을 고려하고 있다. 그러나 인간 삶의 최종적 물음에 새롭게 다가서려는 저 모든 사람들에게서는 아마 갈채가 나올 수도 있을 것이다. 이는 **인간의 자기결정**이 개인적으로나 사회적으로 신뢰할 수 있는 모범적 실존에 대한 전제로서 죽음이 문제시되는 곳에서 끝나서는 안 된다는 의식에 근거한다.

"인간의 존엄성은 침해될 수 없다"는 헌법 제1조는 우리의 죽음과 관련해서도 통용되는바, 품위 있는 죽음에 대한 배려는 곧 우리가 살아가는 동안의 과제인 것이다.

1994년 12월, 튀빙겐에서

발터 옌스와 한스 큉

제1부
논의의 구체화를 촉구한다

품위 있는 죽음(한스 큉)

품위 있는 죽음과 비참한 죽음에 대한 문학(발터 옌스):
—"삶을 원하거든 죽음을 대비하라!"

제2부
인간존엄사 논의

의사의 입장에서 본 안락사(디트리히 니트하머)

법학자의 입장에서 본 안락사의 가능성과 한계(알빈 에저)

논의의 구체화를 촉구한다(한스 큉)

삶에 대한 경외심이란 우리가 태어나서 삶을 마칠 때까지 인간품성의 중요한 기본요소이다. 하지만 죽음 또한 삶의 일부이다. 따라서 삶처럼 죽음도 인간다워야 할 것이다. 이런 원칙의 논리적 일관성에 대해 숙고하는 것이 15년 전에 처음 출간된 이 책의 본래적 목적이었고, 새롭게 보완된 2009년 현재에도 마찬가지이다. 신학자와 문예학자의 공동저작으로 되어 있는 이 책은 복합적 문제성을 놓고 철학 및 신학, 문학, 종교의 지평을 넘나들 것이다.

어떻게 하면 인간은 죽음을 맞이하고도 품위를 지킬 수 있을까? 이 물음의 수많은 측면들이 본서에서 개진될 것이다. 생명이란 창조주의 은혜로운 선물이라는 것이 나와 같은 신앙인에게는 당연한 것으로 여겨진다. 그러나 동시에 생명이 창조주에게서 부여받은 인간의 사명으로서, 우리는 그것을 삶의 최종 단계에 이르도록 책임 있게 지켜야만 하다는 것 또한 논란의 여지가 없을 것이다. 의학과 위생학의 발전에 따라 종종 20–30년씩 생명이 연장되는 시대에 들어와 인간존엄사의 문제는 논란의 핵이 될 만한 소지를 지니고 있다. 그럼에도 이와 관련하여 종교들 사이에나 개별 종파 내에서도 어떤 합의가 이루어지고 있지 않다는 것은 유감스런 일이다. 이 문제는 그만큼 더 상세하고 신중한 논의를 필요로 한다.

한층 구체화된 이 개정판이 나오게 된 이유도 바로 존엄사 문제의 절박성 때문이다. 이 책의 역사가 이를 극적으로 반추하고 있다. 다시 말해 역사의 배후에는 지금 중병을 앓고 있는 한 사람의 드라마가 감추어져 있는 것이다. 일찍이 이 책 초판(1995년) 표지에 장식된 사진, 나의 공동저자이자 대학동료인 그의 활짝 웃는 얼굴을 보면, 나는 정말 가슴이 아프다. 그는 오랫동안 튀빙겐 대학교 수사학과 교수를 지냈으며, 다방면으로 해박한 문학자이자 독일에서 가장 탁월한 저술가 가운데 하나인 발터 옌스이다.

발터 옌스와 한스 큉
(이 책의 초판 표지사진, 1995년)

우리는 삶과 죽음에 대한 온갖 주제들에 관하여 자주 토론하곤 했었다. 우리는 15년 전 튀빙겐 대학교 대강당에서 〈품위 있는 죽음〉에 관하여 열렬히 공동강의를 개최했으며, 이후 같은 대학동료인 법학교수와 의학교수를 초빙하여 공개토론회도 열었다. 그 뿐만 아니라 추후에는 당시의 법무장관과도 열띤 논쟁을 벌인 바 있었다. 그리하여 1995년에는 바로 이 책 초판이 공동명의로 출간되었고, 그것은 넓은 독자층을 확보하면서 여러 외국어로도 번역 출간되었다.

그런데 이 무렵 달변의 수사학자 발터 옌스가 말의 힘을 빼앗긴 채 치매에 걸려 침묵하기 시작했다. 그가 그의 강연문 〈삶을 원하거든 죽음을 대비하라Si vis vitam para mortem〉에서 내세운 결론 부분을 그 자신에 대해서는 결국 성취할 수 없게 되었다. 그는 이 강연문에서 다음과 같이 쓰고 있다. "삶의 기술을 비유와 상으로 가르치는 것이 본질인 문학은 병들고 죽어가는 사람들의 다섯 번째 권리(역주: 유럽평의회의 인권 규정), 즉 필히 고통을 당하지 않고 품위 있고 평화롭게 죽을 수 있는 권리를 시야에 들어오도록 하고 있는 저들의 정당보다 훨씬 더 결정적으로 감동을 줄 수 있을 것이다. [⋯] 수백만 명의 사람들은 어느 날 그들의 곁에 일반 전문의가 아니라 막스 슈르Max Schur 박사와 같은 주치의가 옆에 서 있다는 것을 안다면, 한스 큉과 나처럼 태연히 자신의 일에 몰두할 수 있을 것이다. 막스 슈르 박사는 자신의 환자인 지그문트 프로이트에게 죽음의 모르핀을 투여하기를 서슴지 않았다."

발터 옌스는 여전히 우리들 사이에서 함께 살아가고 있지만, 치매 환자로서 오로지 자기 자신의 세계에만 파묻혀 살고 있다. 생전 처음으로 나는 가까이에서 이런 일, 사람의 두뇌가 파괴되어 가는 증상을 생생히 경험하고 있다. 옌스처럼 지성적인 인간과의 정신적인 대화는 물론, 감정적인 대화도 전혀 불가능하게 되었다. 예를 들어 내가 그에게 간혹 그가 좋아하는 스위스 초콜릿을 가져가면, 그는 늘 반가운 미소를 짓곤 했었다.

발병 초기에 "자네 어떤가, 이 사람아?"라고 물으면, 그의 대답은 "나빠, 끔찍해서 죽고 싶어"였다. 나는 그저 막막하고 답답한 심정이었다. 그렇다고 간절히 죽음을 바라는 그의 뜻에 동조하는 것은 내가 할 일이 아니었다. 설령 그가 죽기를 희망할지라도, 죽음의 실현은 독일에서는 적절한 법적 대안이 마련되지 않아 어려운 형편이다. 이럴 즈음에 나는 가깝게 지내는 의사에게서 그가 오랫동안 병마에 시달려온 어머니의 간절한 요구에 따라 안락사를 위해 몇몇 친분이 있는 약사들에게서 각각 소량의 치명적인 약품을 사들였다는 이야기를 전해 들었다. 그러나 그 의사는 나중에 이 일이 밝혀져 법정에 서게 될까봐 아직도 실행에는 감히 옮기지 못하고 있다.

발터 옌스를 수주일 간 방문하며 말을 건네 보았으나 대화는 이루어지지 않았다. ― 그의 집은 나의 집에서 불과 3~4분 거리에 있었다. 그나마 매번 그의 아내 잉에 옌스가 함께 앉아 나와 이야기도 나누고, 때때로 그를 대화에 끼어들게 하여 몇 마디 말을 나누도록 한 것은 다행스러운 일이었다. 그러나 내가 장기간의 외국여행에서 돌아와 이 글을 탈고한 2008년 7월 초, 나는 잉에로부터 발터가 이틀 전부터 다시 눈에 띄게 활발해져서 집안을 혼자 이리저리 걸어 다닌다는 소식을 전해 들었다.

나는 그의 집을 방문하여 테이블에 놓인 그의 손을 꼭 잡고 "여보게 발터, 이젠 좀 괜찮아질 거야"라고 말을 걸었다. 그런데 "아냐, 정말 끔찍해, 나는 죽고 싶어"라는 대답이 그의 입에서 불쑥 튀어나오는 것이었다. 이어서 그는 뜬금없이 그의 어머니 소식을 물었다. 마치 어머니가 살아 계시기라도 하다는 듯이. 하지만, 다시 그는 이렇게 말했다. "나는 오랫동안이나 죽어 있었던 거야, 나는 죽고 싶어!" 뇌혈관 장애로 인한 치매에도 그는 이렇게 말은 하고 있었다. 그러나 치유될 전망은 없어 보였다. 나는 조금도 눈치를 보이지는 않았지만, 막무가내로 죽음을 호소한다든가 죽음에 대한 공포를 보이는 내 친구의 상태에 몹시 충격을 받았다. 그렇다고 내가 실제로 그를 위해 무엇인가 해줄 수 있는 일도 전혀 없었다.

나는 내 친구의 부인이 얼마나 용감하고 현명하게 이 비극적 상황을 헤쳐나가려고 노력하고 있으며, 가능한 한 남편이 삶을 견뎌 나갈 수 있도록 얼마나 지극정성으로 뒷바라지를 해나가는지를 알고 정말 감동을 받았다. 그녀는 발터에게 인간적으로 호감을 느끼는 한 간병인 여성의 도움을 받고 있다. 이제 나는 전보다 더 분명하게 깨닫게 되었다. 그것은 육체적 고통이 아니라 정신적 고통을 당하고 있는 한 사람과 대면하여 우리 가운데 누구도 이 일에 관여할 자격이 없으며, 경우에 따라서는 사태의 흐름을 다른 어떤, 더 높은 심급에 맡길 수밖에 없다는 사실이었다. 잉에 옌스는 이 책에서 치매환자인 남편을 돌보며 겪었던 쓰라린 체험과 고통에 관해 보고하게 될 것이다.

내 친구의 운명은 나로 하여금 〈품위 있는 죽음〉에 대하여 다시 한 번 철저히 파악하고 심도 있게 다루게 하는 계기가 되었다. 물론 내 친구는 급히 사망할 병에 걸린 것은 아니므로 조금은 주제에서 벗어나 있는지도 모른다. 그러나 이제 잉에 옌스와의 공동작업을 통하여 나는 그가 더 이상은 할 수 없는 것을 시도하고자 한다. 요컨대 이 개정판은 잉에 옌스의 보고문과 2001년 법무장관 헤르타 도이블러-그멜린Herta Däubler-Gmelin 박사와의 토론 준비를 위해 발표한 나의 〈해결을 위한 논제들Thesen zur Klärung〉이 증보되면서 새로운 책으로 출간되었다.

1994년 12월에 쓴 우리의 서문에는 다음과 같은 내용이 들어 있다. "그리하여 우리에게는 인간이 죽음에 대해 스스로 책임질 수 있는가 하는 물음이 ─ 독선과 근본주의적 궤변 없이 ─ 냉정하고 엄숙하게, 도덕적으로 진지하게 새로운 차원에서 논의될 수 있는 희망이 생겨난다." 그러나 15년이 지난 뒤에도 나는 당시에 품었던 희망이 유감스럽게도 실현되지 않았다는 것을 확증하지 않을 수 없다. 이때까지도 독일에서는 다른 나라와는 비교할 수 없이 나치의 홀로코스트로 인해 억눌린 우울한 정서가 고조되고 있었다. 따라서 우리의 존엄사 논의에서도 감정적인 면과 합리적인 면이 뒤섞이는 문제의 양상이 종종 발생한다.

이제 새롭게 보완된 신판(2009년)은 일차적으로 노약자, 보호가 필요하고 죽음이 임박한 사람들을 대상으로 하는 논의의 구체화에 대한 촉구로서 이해되어도 좋을 것이다.

먼저 **법률가들**에게 촉구한다. 법률가들은 제66차 독일법률가 대회(2006년)에서 명확히 규정된 환자의 자기결정권을 더 많이 얻으려는 찬양할 만한 노력을 지속하고, 민사법 및 형사법에서의 법적 규율을 강력히 지지하기 바란다. 생명유언장Patientenverfügung(역주: 안락사를 희망하는 환자의 유언장)은 모든 법정에서 무조건 존중되어야 할 것이다. 그러면 안락사에서 오남용의 위험에 대해서도 무엇보다 의사들로 하여금 형사소추에 대한 두려움을 없애주는 법적 안정성이 창출될 수 있을 것이다.

의사들에게 촉구한다. 많은 의사들은 구체적 사례에서 완전히 불안정한 법적 상황과 직면하여 자신의 위험을 무릅쓰고 인간적 해결책을 찾고자 진지하게 노력하고 있다. 의사들은 임종을 앞둔 말기환자에 대한 의료처리가 실제로 어떤 상태에 있는지, 매사가 회색지대에서 이루어지는 것은 아닌지 솔직하게 논의하도록 용기를 갖기 바란다. 그리고 개인적으로 친분관계가 있거나 부유한 환자들뿐만 아니라, 사정이 열악한 다른 모든 환자에게도 어떻게 하면 그들이 자기결정에 이르도록 도울 수 있는지 숙고하기 바란다.

이렇게 한다면 법적으로 구속력 있는 생명유언장과 안락사의 법제화에 반대하는 저 의사들의 기능적 성격도 임종환자들이 가급적 최대한 최종결정의 인간적 존엄성을 얻도록 사법부 및 정치권과의 건설적 공동작업으로 활성화 될 수 있을 것이다. 아울러 통증의학 분야의 교수 자리가 충분히 확보되어야 한다. 모든 관련 의사들이 강의를 담당하고, 병원들과 호스피스에는 더 많은 마취과가 설치되어야 한다.

정치권에 촉구한다. 국회의원들은 교회나 의사, 정치권의 그 어떤 압력 시도에도 굴해서는 안 되며, 대다수의 시민이 원하는 보다 인간적인 안락사법을 제정하는 데 더는 망설이지 말아야 한다. 이렇게 해야만 정치권은 안락사 단체들에 대하여 법적 논란의 여지가 많은 새로운 형사법 조항들의 제정을 포기하게 될 것이며, 그 대신 먼저 엄격하게 구속력을 지닌 생명유언장의 법제화 통로를 열게 될 것이다. 그러면 의사들뿐만 아니라 환자들과 가족들이 더 많은 법적 안정성을 얻게 될 것이다.

교회들에 촉구한다. 교인들과 모든 기독교 종파의 신학자들은 흑백논리에 따라 이른바 "세속적–인문주의적 인간"과 "기독교적 인간"이라는 대립적 인간상을 만들어 내서는 안 될 것이다. 그리고 임종환자에 대해서도 죽음에 대한 자기결정과 책임을 비방하는 신학적 궤변을 퍼트리는 일이 없기를 바란다. 이러면 이렇다는 일률적인 논리는 객관적 물음을 회피하는 지나친 감정적 사고나 고통을 미화하는 태도처럼 자제되어야 한다.

그런데 이미 생명의 시초와 관련하여(경구피임약이나 기타 피임약, 인공분만) 금기들의 "일시적 붕괴" 논리를 입에 닳도록 떠들어대는 사람이 생명의 끝과 관련해서도 같은 논리를 주장한다면, 그것은 거의 신뢰가 가지 않을 것이다. 오히려 교인과 신학자들은 독실한 죽음에 대한 참된 성서에 따른 예증과 영원한 삶에 대한 믿음을 자기논리로 제시함으로써, 신앙이 없는 사람들도 그것에 대해 경외심을 가질 수 있도록 하고, 신자들에게는 정신적으로 필연적인 죽음에 대비하여 불필요한 공포가 없어지도록 하는 편이 좋을 것이다.

끝으로 **언론**에 촉구한다. 개별사례들 또는 단체들에서 발생하는 안락사의 오남용에 대해 낙인을 찍는 것은 물론 당연한 처사일 것이다. 하지만 언론은 "자살"과 같은 부적절한 표현이나 "죽음의 경제적 가치", "사망여행"과 같은 경솔하고 무책임한 비난은 가급적 피해야만 한다. 스캔들이 될 만한 사건을 매번 안락사에 대한 비판적 논증으로 이용해서는 안 되며, 그보다는 문제의 본질을 파헤쳐야 한다. 공원이나 야산, 그 밖에 품위를 손상하는 정황에서 적극적 안락사(역주: 안락사 실행자가 환자의 요청에 따라 의도적으로 치사량의 약제 등을 투입 또는 주사하여 인위적으로 죽음을 앞당기는 행위)를 시도하려는 사람은 그렇게 할 것이 아니라 자신이 익숙한 환경에서 죽음을 택하는 것이 좋을 것이다. 언론이 순수 계몽 프로와 다큐멘터리 프로를 통하여 어려운 사례들에 대하여 훌륭한 지침을 제공한 것은 참으로 인정할 만한 업적이다.

만일 나의 공동저자 발터 옌스가 쓸 수 있었더라면 훨씬 더 좋았을 이 촉구의 글들 가운데 몇 가지는 아마도 이 책에서 다른 기고문들과 전반적으로 부합되지는 않을 것이다. 그럼에도 나의 촉구가 **품위 있는 죽음** 또는 **존엄사**라는 주제에 대해 점점 더 확산하는 무관심이나 금기시하는 태도를 극복하는 데 도움이 되기를 바란다. 무엇보다 인간실존의 최종적 물음과 직면해 있는 개인에게 죽음에 대한 착각과 불필요한 공포 없이 죽음에 대해 깊이 숙고하도록 이른바 "죽음의 예술Ars moriendi"로 인도하는 계기가 되었으면 좋겠다. 끝으로 나는 〈새로운 삶으로의 부활〉이라는 성찰로 이 책을 마칠 것이다.

제1부

논의의
구체화를
촉구한다

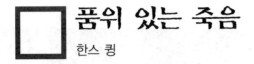

품위 있는 죽음

한스 큉

우리는 아마 오해를 거의 피할 수 없을 것이다. 여기 두 사내가 하염없이 늙어 버린 뒤에 죽음에 관하여 공개적으로 논의하기 시작하고 있는데, 두 사람은 정작 죽음이 그들 자신에게 성큼 다가와 "문을 두드리고 있다"는 사실을 부정할 수 없는 처지에 있으니 말이다. 참으로 해명하기 어려운 오해라 하겠다. 로마시대의 검투사들처럼 "곧 죽으러 가는 자들이 인사드립니다!Emeriti morituri vos salutant!"

그렇다면 시기적절하게 재빨리 죽음에 관해 숙고했더라면 어땠을까? 늙어서 아무것도 더는 할 수 없기 전에 병, 죽음, 사망에 관해 깊이 통찰했더라면?

하지만 이는 참으로 커다란 오해라 하겠다. 왜냐하면 동료로서 30년, 가까운 친구로서는 20년이 된 발터 옌스와 나의 경우 죽음에 대한 숙고는 결코 연령의 문제가 아니라 아주 까다롭고 정신적으로 예민한 투쟁적 삶의 한가운데서 우러나온 문제였기 때문이다. 그것은 우리가 서로 알고 지낸 이후로 오랫동안 우리의 관심을 끌던 문제였다.

— 죽음을 앞두고 있다는 것은 어떤 것일까?
— 사람이 죽는다는 것, 죽어야만 한다는 것을 깨닫는다는 것은 무슨 뜻인가?
— 우리는 죽음에 대한 공포를 느끼고 있는가, 아니면 죽음에 대한 공포 이상의 어떤 것을 갖고 있는가?
— 우리가 죽음에 동참할 수 있다면, 어떻게 죽는 것이 좋을까? 우리는 죽음에 동참할 수 있는가? 아니, 동참해도 좋은가? 죽음을 스스로 결정한다는 것은 무엇인가? 그러나 누가 스스로 결정할 수 있는가? 그러나 삶에서든 죽음에서든 아무것도 결정할 수 없는 사람들이 많이 있다.

인간답지 못한 죽음

품위 있게 죽는다는 것에 대하여 수백만, 아니 그 이상의 많은 사람이 선택과 가능성, 기회도 거의 없다는 것이 나의 확증이자 숙고의 전제이다. 우리는 날마다 언론을 통하여 죽음에 내몰리거나 처참하게 죽는 사람들의 모습, 때로는 무수한 사망자를 보게 된다. 전쟁과 피난, 천재지변, 굶주림, 전염병으로 수많은 사람이 세계 곳곳에서 죽어간다.

인간답지 못하게 무참하게 쓰러지거나, 글자 그대로 뻗거나 사지를 늘어트리고 길거리의 유기견들처럼 비참하게 죽어가는 것이다.

이런 비참한 죽음이 인간의 책임이라면, 이를 피하거나 적어도 제어하려면 우리는 도대체 어떻게 해야만 하는 것일까? 개보다 비참하게 살아가는 사람들을 개선된 삶, 인간다운 삶, 적어도 기본조건을 유지하며 살아가는 삶을 가능하게 하려면 우리는 도대체 어떻게 해야만 하는 것일까? 이런 물음을 제기하는 까닭은 인간다운 삶이 없다면 인간다운 죽음도 없기 때문이다! 역으로 말하자면 **인간다운 죽음**은 선진국의 풍요로운 사회에서조차도 당연한 것이 아니다. 인간다운 죽음은 참으로 과분한 기회이자 거대하고 **은혜로운 선물**이다. 동시에 그것은 인간에게 주어진 소중한 **과제**이다.

사회적 조건들만이 인간다운 죽음을 가능하게 하는 요소가 아니라는 것이 나의 확신이다. 인간다운 죽음은 우리가 삶의 한가운데서 어떻게 죽음의 문제를 다룰 것인가에 달렸다. 그럴 것이 인간을 떠돌이 개와 구별해주는 것은 우리가 살아 있으면서도 언젠가는 죽는다는 사실을 알고 있기 때문이다. 분석생물학자들이 40%의 칼로리 공급을 줄임으로써 생명을 30% 연장시킬 수 있었다는 쥐 실험을 근거로 주장하였듯이, 설령 우리 가운데 많은 사람이 110세까지 살 수 있다고 해도 그것이 무슨 소용이겠는가? 근본적으로 우리는 언젠가 죽는다. 모든 생명체 가운데 우리 인간들만이 **죽음의 필연성에 대한 의식**을 소유하고 있다. 이 역시도 올바르게 이해한다면 인간들에게 주어진 위대한 선물이자 반면에 커다란 과제이다.

그러나 죽음을 맞이하여 인간답게 행동한다는 것은 어떤 뜻일까? 그것은 죽음이 불가피하게 목전에 와 있다 해도, 죽음을 단지 우리가 살아가는 삶의 최종단계로만 이해하는 것이 아니라, 오히려 죽음을 삶의 모든 단계와 결정들이 포함된 **삶의 차원**으로 파악하는 것을 의미한다. 마르틴 하이데거는 인간의 현존을 죽음을 위한 존재로 규정하기 위하여 "한 인간이 생명을 얻자마자, 그는 벌써 늙어 죽을 나이에 이르러 있었다"[1]라고 뵈멘 출신의 악커만Ackermann[2]을 예로 들어 인용하고 있다. 우리는 언젠가는 죽는다는 사실을 잊지 않고 계속 기억하는 가운데 살아간다는 것이다. 그렇다, 우리에게는 대체로 살아갈 많은 시간이 주어져 있지만, 우리는 언젠가는 삶으로부터 물러나 작별하여야 한다. 하이데거의 표현대로 우리는 "유한존재"이다. "죽는다는 것을 기억하라memento mori"의 정신을 획득하는 일은 매우 중요하다. 죽음은 삶에 대한 암울한 위협 또는 삶의 종말이 아니라 어떤 다른 자세, 어쩌면 명랑한 기본자세로서 ─ 삶을 가능하게 하도록 ─ 삶의 한가운데 들어 있다.

자신의 죽음을 거부하지 않고 의식적으로 받아들이는 사람은 다른 삶을 영위한다. 죽음과의 교류를 죽음의 순간까지 미루지 않고 삶의 한가운데서 실천하는 사람은 삶에 대해 다른 자세를 갖고 있다. 그

1_ 마르틴 하이데거, 존재와 시간, Tübingen 1953, 245쪽.
2_ 뵈멘 출신의 악커만, 죽음에 대한 논박 및 위로의 대화, Felix Genzmer 번역, Stuttgart 1963.
  역주: 15세기 초에 악커만이라는 사람은 자신의 아내를 죽음이 앗아갔다는 이유로 죽음을 신의 법정에 세우는 내용의 글을 남겼다.

러나 오늘날까지도 병원에서 죽음에 관해 말하는 것은 매우 조심스런 일이다. 다음 단원은 죽음에 대한 의식적 자세를 실제화하려는 의도에서 쓰였다. 그런데 사회적 상황이야말로 죽음의 문제를 사실과는 다르게 왜곡하는 것은 아닐까?

삶과 죽음의 체험

1993년에 게르하르트 슐체가 『체험사회Erlebnisgesellschaft』라는 제목으로 출간한 가장 새로운 〈문화사회학〉을 면밀히 검토해보면, 전후 독일에서 발전의 3단계가 제시되어 있다. 저자에 의하면 1945－1968년까지의 복구에 열중한 산업사회의 첫 단계는 생존과 노동을 그 특징으로 하고 있었다. 노동은 무엇보다 폐허가 되어 버린 시기의 도덕이라는 주제에서 벗어나 새로운 삶의 의미를 창출했다.

"종종 삶의 철학을 위하여 높아진 노동의 열기는 국민의 종교적 관심과 일치했다. 노동은 돈만 벌어들인 것이 아니라 윤리적 자본으로서의 삶의 의미를 보장해 주었다."[3] 그런데 세계대전을 경험한 사람들은 죽은 사람들을 너무 많이 보아 왔고, 따라서 이제는 어떻게 살 것인가를 걱정하며 총탄과 폭탄, 화염, 파편 때문에 사망한 친구나 친척, 지기들보다 더 잘 살아가길 원했다.

체험의 공급과 수요로 이루어진 "체험시장"에서의 빈약한 출발 이

3_ Gerhard Sculze, 체험사회. 현재의 문화사회학, Frankfurt 1993, 532쪽.

후 60년대가 지나자, 특히 연령이 중심적 구실을 한 문화갈등의 추이 단계인 두 번째 단계가 도래했다. 학생운동에서 고무되고 "영원한 청춘" 캠페인에서 받아들여진 젊은이들의 득세는 죽음에 대한 숙고에서 멀어지면서 선행된 노동에의 집중으로 이어졌다. 그리하여 곳곳에서 아름답고 편안하고, 흥미롭고 매혹적인 미적 쾌락의 삶을 목적으로 하는 "엄청난 심미적 추구의 경향"이 생겨났으며, 이런 것에서 인간은 만족감과 자기구현, 진정한 삶의 행복을 찾게 된다. "내면 지향적 소비의 동인이 승리의 대열을 이루었다. 점점 더 높은 체험수요의 잠재력— 시간, 돈, 유동성, 단체들—을 갖춘 소비자들은 일상생활 전체의 미화 가능성을 발견했다. 일반 대중은 무제한의 즐거움을 찾아냈다. 음악감상, 여행, 의복구매, 식사와 음료의 소비, 섹스, 춤, 저녁 나들이 등등. 그럼에도 여전히 새로운 체험에의 충족이 자극적이었다."[4]

물론 "수요자의 더욱 능률적인 체험용량의 발굴을 통한 체험수요의 어마어마한 포화상태"와 그로 인한 인간성 상실, 상업성 및 소비에 대해 비판 또한 즉시 가해졌다. 슐체에 따르면 이 문화적 갈등단계의 미혹스런 마법의 낱말들은 "창조성, 자기구현, 자율, 정체성, 자발적 행위, 행동화, 활성화"였다. 그러나 바로 이렇게 사회비판적 측면에서도 점점 더 많은 "체험의 지향"이 철저하게 진행되었다는 것이다. 그리하여 오늘날 90년대의 제3단계에서 "체험사회"라고 불리는 것이 제 모습을 드러내게 되었다.

4_ 같은 책, 538–539쪽.

그렇다면 체험사회의 특징은 무엇일까? 그것은 체험이 여러 면에서 자기목적이 되어 버리고, 새로운 외투에서 새로운 자동차에 이르기까지 체험가치가 사용가치보다 더 중요한 사회이다. 여기서는 익살스러운 것, 마음에 드는 것, 흥미를 일으키고 권태를 쫓아내어 결실을 얻어내는 것만이 주로 허용된다. 체험시장은 이 사회에서 일상생활을 지배하는 영역이 되어 버렸다. 공급자는 점점 더 세련된 모습을 보이고, 수요자 또한 오늘날 이미 입증되었듯이 점점 더 노련해진다.

"모든 것은 검사를 마쳤고, 역설적으로 들릴지 모르지만 이렇게 확정된 산물은 혁신적이다. 대중은 새로운 것에 익숙해졌다. 원칙적으로 교체가 이루어지면, 교체된 것은 모르는 사이에 반복되어 나타난다. 대중은 체험의 공급으로부터 끊임없는 변동의 흐름을 태연하게 받아들인다. 예를 들면 유행과 추세, 정보, 제품의 변화, 기발한 착상, 전자 미디어에서의 프로그램 혁신, 음악 시장과 잡지판매에서의 새로운 현상들, 관광에서의 최후의 발굴, 과감한 시도의 새로운 연출, 혁명적 스타일 파괴, 전대미문의 도발행위 등등이 그러하다." [5] 일상생활에서 이제껏 없었던 체험의 밀도가 형성되는 것이다! 그러나 "축적의 원칙이 점점 더 넓어져 한계에 이르면 이를수록, 아름다운 것에 대한 동경의 동기가 점점 더 강하게 권태의 회피 동기로 급변한다." [6]

그렇지만 체험이 중심에 놓여 있고 전체적 삶을 체험-프로젝트로서 고안되어 있는 사회에서 일상생활과는 거리가 멀고 낯선 사망 내지

5_ 같은 책, 542-543쪽.
6_ 같은 책, 543쪽.

죽음의 차원이 무슨 흥미를 끌겠는가? 실상 죽음이 언젠가는 그 어떤 조작과 치장으로도 막을 수 없는 모든 체험의 절대적 종착지일지라도 흥미를 끌지 못한다. 점점 더 일찍 연금생활자가 되지만, 점점 더 오래 일하고 즐길 능력을 갖춘 이런 체험사회의 참여자들 역시 "죽도록 즐길 수"[7]는 있을지라도, 죽음 자체에 대해서는 이야기하지 않는다. 죽음은 그들의 주제가 아닌 것이다. **사망이나 죽음은 체험사회로부터 배제되었다.** 그것은 사람들이 차단하려는 꺼림칙한 대상이다. "이런 영화, 이런 장거리 여행, 이런 결혼을 경험하느니 차라리 죽을 테야"라고 누군가 말한다면, 그것은 농담에 불과하고, 다음에도 그는 다시 그런 식으로 말할 것이다.

단 한 가지 관점에 따라서만 죽음이 체험사회의 강한 흥미를 불러일으킬 수 있었다. 이미 사망했지만 죽음에서 다시 되돌아온 사람들의 체험은 놀라움을 자아냈다. 그것은 과연 어떤 체험이겠는가!

죽음의 체험

교수생활 35년 동안 나는 정신과 교수이자 『죽음과 죽어가는 것에 관하여』[8]의 저자 엘리자베스 퀴블러-로스가 나의 초대로 튀빙겐 대학에서 강연과 토론을 했을 때처럼 그렇게 엄청난 청중이 모인 것을 본 일이 없었다. 그녀는 여러 의사들과 신학자들로부터 일단은 불신을

7_ N, Postman, 우리는 죽도록 즐긴다. 쇼 비즈니스 시대의 공적 담화, New York 1985 참조.
8_ Elisabeth Kübler-Ross, 죽음과 죽어가는 것에 관하여, New York 1969 참조.

당하고 있었다. 주지하듯이 그녀나 레이먼드[9]와 같은 연구자는 여러 면에서 현저히 일치하는 "임상학적 사망자들"의 죽음의 체험을 꾸준히 수집해 왔다.

퀴블러-로스의 조사에 의하면 죽어가는 사람들(말기 암환자, 사고를 당한 사람, 물에 빠진 사람, 동상환자, 추락한 사람 등)은 의사가 사망선고를 내리는 소리를 듣거나, 길고 어두운 터널을 지나는 경험을 하고, 이미 고인이 된 친척과 친구들을 재회하거나 심지어는 삶의 가치에 대해 물음을 던지는 신비한 빛의 존재를 만나기도 한다는 것이다. 가장 중요한 삶의 국면들이 주마등처럼 순식간에 뇌리를 스쳐 지나가고, 이어서 일종의 울타리 또는 경계에 다가가면 이승과 저승 사이의 칸막이가 뚜렷하게 나타나기도 하고…. 그런 다음 땅으로 되돌아오지만, 형언할 수 없는 기쁨과 사랑, 평화의 감정에 사로잡힌다는 것이다.

이처럼 기이한 현상들은 얼마든지 더 열거할 수 있다. 하지만 이로부터 어떤 추론이 가능한가? 심리학적 추론뿐만 아니라 철학적-신학적 추론도 가능한 것인가? 우선은 다음과 같이 말할 수 있을 것이다. 이런 체험들은 분명히 인간적 범주에 속하며, 아마 어느 누구도 부정하거나 무시할 수 없는 인간다운 죽음의 증상들Symptome이다. 무수한 사람이 이를 통해 죽음에 대한 과도한 공포에서 벗어났으며, 무수한 사람이 대부분 삶의 최종단계에서 불안해하고 두려움에 떨며 기다리는 죽음이 그리 심각하지 않게 지나갈 희망을 얻었다. 죽음을 **사망학**

9_ R. A. Moody, 사후의 삶, Covington/Ga. 1975.

Thanatologie이라는 연구과제로 설정한 많은 의학자 덕분에 무엇보다 의학 분야 자체에서 죽음이라는 문제의 타부가 깨어졌으며, 죽음에 대한 학문적 관심이 한층 강화되었다.

여기서 인간다운 죽음의 실제적 연구에 엘리자베스 퀴블러-로스가 2,000명 이상의 불치병 환자에게서 관찰한 것이 적지 않은 도움을 주고 있다. 그녀의 조사에 따르면 죽음의 단계에는 여러 단계가 존재한다. ─ 물론 개인마다 매우 상이하고 늘 동일한 순서로 진행되는 것은 아니다. 제1단계(부정의 단계)에서 환자들은 종교적으로 구속되든 아니든 충격과 불신의 반응을 보인다. 이런 상태는 불과 몇 분에서 몇 달까지도 지속될 수 있다. 제2단계(분노의 단계)에는 분노와 짜증, 원망과 질투가 따르는데, 분노의 대상은 종종 간병인 또는 가족이다. 자신의 화를 누르고 주변 사람들을 받아들이면 제3단계(협상의 단계)로의 전위과정이 이루어진다. 연명치료 이후에 가망 없음을 절감할 수밖에 없는 우울한 상태가 찾아오는데, 이것이 제4단계(우울의 단계)이다. 끝으로 제5단계(수용의 단계)는 스스로 또는 타인의 도움으로 이루어진다. 이때에는 최종적인 인내심, 인정과 체념, 모든 관계와 단절할 수 있는 능력이 생기게 된다. ─이는 곧 다가올 죽음에 대한 예시이다.

죽음에 대한 이런 통찰은 의사들과 간호요원들, 간호사들뿐만 아니라 가족들로 하여금 단지 어쩔 줄 몰라 하며 환자의 죽음을 응시만 하는 것이 아니라 그의 죽음이 품위 있는 죽음이 되도록 인간적 공감과 이해를 갖고 죽음을 동반하는 데 큰 도움을 주었다. 그 밖에도 퀴블러-로스의 연구에서 가장 중요한 통찰 가운데 하나는 환자가 가족이나 주변 사람들은 알아차리지 못하는 어떤 심리적-물리적 신호 때문에 죽음이 임박한 것을 느끼는 경우가 잦다는 사실이다.

따라서 임종환자와 죽음에 관해 이야기하는 것을 피하려고만 한다면, 자칫 작별의 순간을 놓칠 수가 있다는 것이다. 이것이 무엇 때문에 임종을 맞이한 중환자들이 친척들보다는 오히려 간호사에게 자신의 심중을 더 솔직하게 털어 놓는지, 그리고 무엇 때문에 개별적으로 죽어 가는 사람들이 홀로 죽기를 바라거나 또는 가족들이 잠시 병실을 떠날 때 죽음을 맞이하는가를 알려주는 이유인지 모른다.

다음으로 사후의 삶에 관해서는 이 죽음의 체험들이 증언하는 것이 없는데, 그 이유가 무엇인지 해명해야 할 필요가 있다. ─특히 의사들과 신학자들이 이런 증언을 도출해 내고 싶어 한다. 이에 대해서는 적어도 다음 세 가지 근거를 생각해 볼 수 있다.

⟨1⟩ 유사한 현상들은 꿈, 정신분열, 마약을 통한 환각상태(LSD, 메스칼린), 최면상태와 같은 다른 특별한 영적 상태에서도 입증될 수 있다. 하지만 이런 것들은 "내세"나 "피안"과는 전혀 상관없는 것들이다.[10]

⟨2⟩ 죽음에서 빛으로 가득한 희열의 상태 외에도 예컨대 중독의 경우처럼 전적으로 고통과 공포로 가득 찬 형태 또한 있을 수 있다는 것이 관찰되었다.[11]

⟨3⟩ 주어진 자연법칙의 틀 내에서 죽음의 현상에 대한 자연과학

10_ K. Thomas, 무엇 때문에 죽음에 대해 공포를 느끼는가? 의사와 사제의 체험과 대담, Freiburg 1980 참조.

11_ E. Wiesenhütter, 내세를 향한 눈빛. 죽음의 자기경험, Gütersloh 1974, 65-66쪽 참조.

적-의학적 설명은 다음과 같은 물음들을 결코 배제할 수 없다. 죽음을 맞이하여 아는 모습들이 나타나는 것처럼 꿈속에서도 마찬가지로 그런 것이 이루어지고 형성되는 것은 아닐까? 꿈속에서도 우리는 자신의 모습을 응시하고 있는 것은 아닐까? 그리고 중추신경계가 극도로 압박을 받았을 때 과거와 미래의 상들, 강렬한 쾌감, 찬란한 빛의 자극, 단순하거나 아니면 복잡한 환영들을 만들어 내는 것은 아닐까? — 이는 사멸하는 뇌의 마지막 운동 또는 잦아들기 직전의 마지막 불꽃과도 같다.

하지만 이 죽음의 체험이 "내세", 초감각적 피안의 영역과 무엇 때문에 전혀 관계를 맺고 있지 않은지는 이것으로 아직 설명되지 않았다. 과연 무엇 때문에 죽음의 체험은 사후의 삶에 대해 아무것도 증명하지 못할까? 그 이유는 단순하고 명백하다. 죽음을 체험하고 있는 사람이 정말 죽은 것, 확정적으로 죽은 것이 아니기 때문이다. 그러나 이 사실은 "죽음" 내지 "사망"이라고 불리는 것을 우리가 근본적으로 새롭게 규정해야만 하는 것은 아닐까 하는 물음을 제기한다.

임상학적 사망과 생물학적 사망

사망학 연구자들은 죽음을 체험한 환자들이 "임상학적(의학적)으로 사망한 상태"였다고 설명한다. 그것은 무슨 뜻인가? 그들은 호흡, 심장운동, 뇌의 반응, 다시 말해 뇌파검사에서 뇌전도 활동을 중단한 상태(제로라인 뇌파)였으나, 인공호흡 또는 심장마사지를 통하여 소생이 가능했던 상태에 있었다. 이와 같은 소생은 뇌가 산소결핍으로 회복불능이 될 만큼 손상되지만 않는다면 보통은 5분 내에, 체온저하처럼 극단적이면 30분 내에 이루어져야 한다. 이런 환자들은 단지 임상학적으로만 사망한 것이다.

그러나 이런 상태는 환자들이 생물학적으로는 사망하지 않았다는 것을 의미한다. 왜냐하면 생물학적 죽음이란 적어도 뇌가 기능을 완전히 중지하여 더는 소생될 수 없다는 것을 의미하기 때문이다. 생물학적 죽음은 기관의 죽음 또는 부분의 죽음뿐만 아니라, 뇌의 죽음(중심의 죽음der zentrale Tod)과 아울러 결국은 전체 유기체의 죽음(총체적 죽음der totale Tod)으로 정의될 수 있다. 의학적으로뿐만 아니라 생물학적으로 사망한 사람만이 최종적인 죽음, 완전한 죽음을 맞이한다. 이것이 바로 모든 기관과 조직의 파괴에 따라 발생하는 생명기능의 **돌이킬 수 없는 손상**인 것이다!

사망학 연구자들 역시 죽음을 체험한 뒤 그것에 대해 보고할 수 있는 사람은 죽음의 과정을 겪은 것이 아니라 특정한 삶의 과정을 겪었다는 데 이의를 제기하지 않는다. 어쩌면 이 사람들은 마지막 몇 분 내지 몇 초를 임상학적 죽음과 생물학적 죽음 사이에 있었던 것인지도 모른다. 그들은 죽음의 문턱에 서 있었지만, 그것을 넘어서지는 못했다. 모두가 "사망"이라는 대문까지 갔었지만, 그 뒤에 있는 것은 보지 못했다. 그들 가운데 누구도 "내세"가 어떤 모습인지, 죽음이 정말 어디로 데려가는지를 보고할 수 없었다. 그러므로 그들의 죽음의 체험은 사후의 삶에 대해서는 아무것도 증명하지 못한다. 아니, 오히려 그 반대가 아닐까? 적어도 죽음의 뒤에는 아무것도 없고, 죽음과 더불어 모든 것은 끝이라는 것을 간접적으로 입증하는 것은 아닐까?

죽음과 더불어 모든 것은 끝나는가?

왜 죽음의 체험이 사후의 삶과 관련하여 아무것도 입증하지 못하는가? 왜 우리의 이성 일반이 이에 대해 아무것도 입증할 수 없는가? 그 이유는 철학적으로 임마누엘 칸트의 통찰에서 찾아볼 수 있다. 칸트는 시간과 공간 내에 속하지 않아 우리 직관의 대상이 아닌 현실에 대해서는 어떤 인식도 자연과학적 증명력을 얻을 수 없다고 파악한다. 사후의 삶에 대한 입증들은 따라서 허물어질 뿐만 아니라 이론적으로도 불가능하다. 칸트에 의하면 "우리의 가능한 경험 영역을 넘어서려는 그 모든 우리의 결론들은 기만적이고 근거가 없다."[12] 실제로 우리의 이성은 사유의 힘을 통해 현상계를 넘어서서 영원한 삶을 찾으려고 날개를 펄럭이지만 다 소용없는 일이다. 나무들이 아무리 자라도 하늘에는 닿지 못하듯이, 우리가 대담하게 계획하고 건축한 마천루도 기껏해야 구름까지 닿을지는 모르지만, 하늘을 열고 올라갈 수는 없는 법이다.

그러므로 죽음과 더불어 모든 것은 끝나는가에 대한 대답은 분명해진다. 즉, 입증될 수 없다! 죽음과 더불어 모든 것이 끝난다는 것을

12_ I. Kant, 순수이성비판, W. Weischedel 편 전집 제2권, Darmstadt 1956, 563–564쪽.

입증하려는 비속한 유물론적 사유의 모든 논증은 칸트의 동일한 근거로부터 허물어진다. 영원한 삶에 대한 반대 논제 역시 우리 경험의 지평을 넘어서고 있는 것이다. 칸트는 이렇게 확정적으로 말한다. "누구도 이성의 순수 사변을 통하여 모든 것의 원초적 근원인 최고 본질이 존재하지 않는다는 통찰을 얻을 수 없다."[13]

이렇게 거대한 문 뒤에 무엇이 있는지 알 수 없다는 것을 인정하는 사람은 논리적으로 그 뒤에 아무것도 없다고 주장해서는 안 된다. 죽음의 체험들처럼 철학적 논증들도 죽는 자가 도대체 어디로 가는 것인지, 예컨대 황량한 어둠 속 또는 따뜻하고 영원한 빛 속, 그도 아니라면 무의 심연 또는 새로운 세계로 가는 것인지 대답할 수 없다. 그런데 사망학Thatanologie이 우리에게 끼친 영향은 19세기 이래로 소위 과학적-의학적 논쟁들과 더불어 끝나버린 사후의 삶에 대한 물음이 오늘날 의학자들에게도 다시금 풀어야 할 숙제로 다가서고 있다는 사실이다.

그러나 사후의 삶에 관한 물음이 실제로 뭐라고 결론지을 수 없는 것이 되어버린 것은 아닐까? 칸트에 따르면 어쨌든 그런 것은 아니다. 이에 대해서는 이론적이고 학문적인 "순수이성reine Vernunft"이 아니라, "실천이성praktische Vernunft"이 문제시된다. 학문이 아니라 도덕, 이론이 아니라 실제가 문제시 되는 것이다. 칸트의 경우 도덕의 두 번째 요구는 "영혼의 불멸성"이다. 인간은 살아가면서 기껏해야 그 요구를 신성神聖이 아니라 덕, 완벽함이 아니라 선의 경지까지만 실행할 수 있다.

13_ 같은 책, 562-563쪽.

그렇지만 인간은 "너는 마땅히 해야만 한다"라는 무조건적 명령, 정언적 명령에 종속되어 있으며, 그것이 인간의 무한한 발전을 요구한다. 인간은 결국 무한히 행복해지고 기쁨을 누리고 싶어 하는데, 진정한 행복이란 "최고의 선", 신을 통해서만 실현될 수 있다는 것이다.

언급한 바와 같이 이 모든 것은 입증될 수는 없으나 칸트에 의하면 도덕성 때문에 요구가 가능하다. "지극히 존엄한 신과 영원성은" — 이는 칼뱅의 유산으로 보이는데 — 우리에게는 "끊임없이 눈앞에 현전할 수"[14] 있는 것이 아니다. 따라서 칸트는 사후에 출간된 글에서 확증하는 바와 같이 비밀스러운 존재를 긍정한다. 즉, "우리가 신이 존재한다는 것을 알지 못하고 믿는 것은 좋은 일이다."[15]

물론 칸트에 반해 오늘날 포이어바흐와 프로이트는 신과 영원한 삶이란 단지 계획된 상像이자 꾸며진 이야기, 환영, 희망적인 생각에 불과하다고 주장한다.

단지 희망적인 생각에 불과한가?

물론이다, 희망적인 생각Wunschdenken은 늘 관망에 불과할 수 있다. 하지만 어떤 권한조차도 내가 죽음과 더불어 모든 것이 끝나지 않기를 희망적으로 생각하는 것을 금지할 수는 없다. 이는 희망적인 생각 이상의 의미를 지닌다. 희망의 존재Wunschsein가 바로 그것이다. 우리 인

14_ I. Kant, 실천이성비판, 전집 제4권, 282쪽.
15_ I. Kant, 형이상학을 위한 성찰들, 칸트의 필사본 유고, Berlin 1928, 55쪽.

간은 희망의 존재라는 것을 부정할 수 없다. 우리는 불완전하고 미완성인 상태에서 끝없이 추구하고 찾아 나서고, 인식하고 다시 실망하고, 무엇인가 향유하다가도 바로 그것에 불만족한 무한한 동경의 유한 존재인 것이다. "모든 소망은 영원성을 찾고자 한다. 깊고 깊은 영원성을!"[16]이라고 니체는 『차라투스트라』에서 외쳤다. 그런데 소망은 깊고 깊은 영원성을 어디서 찾는단 말인가?

예나 지금이나 세상의 어떤 풍요로움도 인간을 만족하게 할 수 없다. 점점 더 오래 일하고 즐길 능력을 갖췄지만, 점점 더 일찍 연금생활자가 되어버리는 우리의 현재 풍요사회가 이를 가장 잘 예증한다. 이 풍요사회는 모든 것을 제공하고, 호화롭게 유세를 부리며 행복한 얼굴을 보여준다. 그러나 우리는 지금 과거의 세대들보다 정말 더 행복한 것일까? 우리는 물론 자동차, 컴퓨터, 스테레오 설비로부터 가재도구와 운동복에 이르기까지 지속적으로 확대되고 개선된 제품들을 접하고 있다. 만족도 연구가 제시한 바 있듯이 인간의 만족이란 계속해서 새롭고 더 좋은 공급물들이 기존의 것을 누르고 새로운 체험을 하도록 자극하기 때문에 잠정적일 따름이다.

그러나 다시 게르하르트 슐체에 따르면 우리 체험사회의 체험방향은 "더 이상 어떤 만족도 허용치 않는 체질화된 굶주림으로 바뀌어 간다. 충족의 순간에 이미 다음에는 무엇이 와야 하는가 하는 물음이 생겨난다. 만족을 찾는 것이 습관이 되어 버렸기 때문에 더 이상 만족은

16_ F. Nietzsche, 차라투스트라는 이렇게 말했다, K. Schlechta 편 전집 제2권, M?nchen 1955, 473쪽.

멈추지 않는다." 더욱이 "주말과 휴가, 직업 및 파트너 관계, 그밖에 다른 생활영역들은 기대의 중압에 빠져서 결국은 실망으로 이어진다. 삶의 의미를 위한 체험들이 무조건적으로 되면 될수록, 체험으로부터 배제될지도 모른다는 불안이 그만큼 더 커진다. 뭔가를 놓칠지도 모른다는 불안이 모여서 권태의 불안으로 변모한다."[17]

그렇다, 우리 시대의 인간은 언제나 불안정하다. 그는 늘 새로운 여정에 오른 채 계속해서 다른 것과 새로운 것을 향해 손을 내민다. 이를 처음 인식한 것은 『희망이라는 원칙Prinzip Hoffnung』의 작가 에른스트 블로흐Ernst Bloch가 아니었다. 주지하듯이 "불안한 마음"에 관한 주제는 이미 고대의 위대한 심리학자이자 신학자였던 아우구스티누스에게서 나타난다. 그에게서 인간의 무한한 동경은 그저 덧없는 것으로 파악된다. 왜냐하면 그는 "주여! 우리의 마음은 당신의 품에서 쉴 때까지 늘 불안합니다"[18]라고 말하고 있기 때문이다. 반면에 다른 무신론자들보다 더 비판적인 에른스트 블로흐는 사후의 삶과 관련하여 끝까지 호기심을 버리지 않고 "어쩌면Peut-etre"을 고수하면서 죽어가는 라블레의 최후의 말을 인용했다. "그러므로 나는 이 위대한 '어쩌면'을 보러 간다."[19]

우리는 오늘날에도 희망적인 생각에 관해 항상 반복되는 논증을 철저히 문서화해도 좋을 것이다. 영원한 삶의 믿음에 대한 의식적, 무의식적, 심층 심리학적 요소들의 그 모든 논란의 여지가 없는 영향에

17_ G, Schulze, 체험사회, 65쪽.
18_ Augustinus, 고백, 1, 1(1).
19_ E. Bloch, 경향 – 잠복 – 유토피아, Frankfurt 1978, 319쪽.

도 영원한 삶의 실존 여부에 대해서는 어떤 결론도 도출되지 않기 때문이다. 프로이트 역시 신과 피안의 실존 가능성을 인정하기 위한 글의 종결부에서 "만일 그렇다면, 참으로 아름다울 것이다"[20]라고 하면서 신의 실존과 영원한 삶을 부정하지는 않았다. 왜냐하면 그것이 입증될 수는 없을지라도, 영원한 삶에 대한 희망에는 정말 영원한 삶이, 무한한 것에 대한 인간의 열망에는 정말 무한한 것이 부응할 수도 있기 때문이다.

사후의 삶이 존재한다는 것, 그것은 요컨대 맹목적 신뢰가 아니라, 칸트의 순수이성과 실천이성, 비판적 이성과 교화된 신앙에 따라서 논의될 수 있는 **신뢰**의 문제이다. 여기서 신뢰는 이론적 작업의 문제가 아닌 것처럼 단순히 비합리적 감정 및 기분의 문제가 아니다. 그것은 오히려 합리적으로 철저히 해명되어야 하는 인간의 실천적–실존적 기본자세의 문제이며, 따라서 그것이 바로 이성적 신뢰이다. 다시 말해 합리적으로 입증될 수는 없으나, 그럼에도 합당한 근거를 지닌 신뢰이다(그 구조에서는 사랑과도 유사하다).

여기에는 근거가 있는가? 그렇다, 나는 그 모든 고난과 투쟁에도 불구하고 철저히 의미를 추구하며 살아온 나의 삶이 무의미하고 어처구니없는 죽음으로 끝나지 않기를 간절히 소망한다. 나아가 나의 친척과 친구들의 죽음 또한 무가치하게 끝나지 않기를, 내가 죽음을 맞이하여 무덤에 말없이 남아 있지 않기를 갈구한다. 그렇다, 내 생각에 우

20_ S. Freud, 환상의 미래, Studienausgabe 1X, Frankfurt 1974, 167쪽 참조.

리는 도스토엡스키의 이반 카라마조프처럼 결국은 세상에 정의라는 것이 존재하지 않을지라도, 입장권을 이 세상에 돌려줄 것이 아니라 신에게 돌려주어야 한다. 나의 이성은 만일 "개와 같은 삶"을 영위해야 했던 짓 밟히고 착취를 당한 사람들이 종국적으로 그들의 권리와 행복을 찾지 못한다면 아마 견디기 어려웠을 것이다. 이런 신념을 나만 지닌 것이 아니다. 이에 대해서는 공시적으로나 통시적으로 모든 시공을 통하여 무시할 수 없는 증거가 있다.

죽음의 거대한 비밀

언제나 종교들은 인간에게 죽음의 채비를 마련해왔다. 이미 구석기 시대의 무덤과 이집트인들의 웅장한 묘지는 사후의 삶에 대한 믿음의 증거들이다. 그리고 오늘날까지 모든 거대 종교들은 인간이 비현실적으로 부자유스럽게, 정체성 없이 살아가고 있으며, 인간의 현재 상태는 불만스럽고 고통스러우며, 불행하다는 것에 동의한다. 그 이유는 무엇일까? 인간은 저 감추어진 가장 최종적이고 가장 지고한 현실(최종적 사실Ultimate Reality), 인간의 참된 고향으로부터 분리되고 소외된 채 살아갈 수밖에 없기 때문이다. 그곳이야말로 인간 본연의 자유를 결정하고 그의 실제적 본질을 의미하고 있으며, 처리 불가능성, 무조건성, 표현불가능성, 절대성, 신성, 신 등으로 불리는 곳이다. 현존의 의미는 인간의 종말에 이르러 완성된다. 죽음, 그것은 거대한 비밀로서 끝이 아니라 완성인 것이다.

죽음과 관련하여 기독교도의 **부활**에 대한 신앙만이 아니라 유대교나 회교도의 신앙 또한 거론될 수 있다. 사람들은 오늘날 부활을 더는 신체에 국한해 마치 세상의 창조주가 육체의 요소에 의존이라도 하고 있는 것처럼 주검의 소생으로 이해해서는 안 된다. 사도 바울은 이에 대해 "신령한 몸", "영적인 몸"이라는 말을 사용한 바 있다. 그렇지만 부활은 시공의 차원을 깨트리는 눈에 보이지 않고 개념으로 파악될 수 없는, 상징적으로 하늘이라 불리는 성역聖域에서의 아주 다른 삶을 말한다.

이제 예언의 종교와는 완전히 상반되는 불교 신자의 "열반Nirvana"에 대한 확신에 대하여 거론해 보자. 열반은 고통이나 욕망, 증오, 현혹이 없는 최종적 상태로서 극소수 불자의 경우 현세의 모든 번뇌에서 해방되어 고요함의 세계로 꺼져 드는 이른바 적멸寂滅의 상태로서 이해된다. 열반에 관한 옛 불교경전[21]에 따르면, 열반은 오히려 현존의 모든 조건에서 벗어난 초월적이고 형이상학적인 곳 또는 본질, 죽음이 없는 장소, 생성 및 형성과 인과관계도 없는 상태로서 설명된다. 불교 전문가인 슈미트하우젠은 다음과 같이 말한다. "열반에 들어간 사람의 존재방식은 헤아릴 수 없고 파악할 수 없는 상태라고 하는데, 이 상태의 특징은 때때로 미소를 머금고 희열에 찬 모습으로 그려진다." [22]

이처럼 기독교뿐만 아니라 불교에서도 결국은 뭐라고 형용하기 어려운 "피안", 다른 차원, 초월적인 것, 흔히 상징으로만 이야기할 수

21_ 특히 우다나Udana V111, 3 참조.

22_ L. Schmithausen, 열반이라는 예술, in: 철학사 사전, Darmstadt 1984, 855쪽.

있는 참된 현실이 중심적인 문제로 파악된다. 양자 사이에는 많은 차이에도 불구하고 관념의 유사성이 나타나는 것이다.

* 불자들은 일반적으로 열반에서 개체의 존속에 관해 말하는 것을 경계한다. 그럼에도 그들은 고통 없는 최종상태에 관해 자주 거론함으로써 "영원한 삶"에 대한 기독교 신자의 관념과 어느 정도 일치되는 면을 보여준다.
* 기독교인들은 영원한 삶이라는 관념이 인간의 존속을 포함하고 있다는 점에 관심을 기울인다. 그럼에도 그들은 영원한 삶에 대한 그들의 표현이 매우 추상적이며, 유한한 인간존재는 시공을 초월한 피안의 차원에서 유한성의 모든 한계를 잃게 된다는 점을 철저히 의식하고 있다.

불연속성 속에서의 연속성. 우리가 이에 대해 그림을 그리게 된다면, 아마도 바다 한가운데서 부서지는 물방울 그림보다는 고치에서 빠져나와 나비가 되어 훨훨 날아가는 그림을 그리게 되지 않을까? 그렇다, 이것이 바로 한계로부터의 탈출과 해방, 더는 세속적이고 시간적인 차원에 구속되는 것이 아니라 천상의 영원한 차원으로 들어가는 자유로운 현존으로의 구원에 대한 그림이다. 고통 없는 최종상태의 개인적 및 초개인적인 성격의 고려만이 사랑하는 사람과의 재회가 어떻게 될 것인지에 대한 다면적인 물음에 대답이 될 수 있다. 유한한 인간의 문제도 물론 중요하지만, 전혀 다른 차원, 상상할 수 없고 인간의 눈과

귀로는 인지할 수 없는 사실차원이 존재할 수 있는 것이다.

이런 기독교적, 아니 유대교적이고 이슬람교적인 관념에 따라 죽어가는 사람은 죽은 뒤 무無로 끝나는 것이 아니다. 오히려 그는 저 알 수 없고 파악되지 않는 마지막이자 최초의 현실로 수용되어 들어갈 수 있다. 그가 맞이하는 현실은 시공의 저편에 존재하는 순수 정신적 성격, 영원하고 가장 실제적인 현실이다. 그것은 새로운 창조와 신 안에서의 영원한 보호를 통한 변형이다. 그렇다면 고린도 전서에도 나오는 바와 같이 하느님은 "모든 것 속에" 존재할 뿐만 아니라 "모든 것 속의 모든 것"으로 존재한다. 이와 같은 죽음의 시각이 인간이 지닌 죽음의 시각을 변화시키고 올바르게 해명할 수는 없는 것일까?

죽음에 대한 여러 가지 태도

물론 죽음을 설명할 수 없고 해명할 수 없는 사실로 간주하는 무신론자나 불가지론자가 죽음을 맞이하여 용감하고 태연할 수 있다는 것을 결코 간과한 것은 아니다. 반면에 포이어바흐나 사르트르에게서 관찰될 수 있듯이 무신론이 대두한 이래로 삶의 이 감추어진 비애가 — 종종 절망이라는 특징을 띠고 — 압박감으로 작용해 왔다는 사실 또한 잊어서는 안 될 것이다. 그렇기에 나는 죽으면 끝이라고 믿는 사람들이 비록 죽음에 대한 공포는 없을지라도 가능한 한 죽음의 순간을 우물쭈물 모면하려는 것을 이해할 수 있다.

모든 수단을 동원하여 죽음과 싸워야만 하지만, 그렇다고 죽음이 궁극적으로 극복될 수 있는 것일까? 현대 발전의 먼 목표로서 죽음을 완전히 사라지게 한다거나 적어도 현저히 미루려는 시도는 이미 프랑스혁명 시기에 계몽주의의 마지막 철학자 콩도르세(1743-1794)에 의하여 선언된 바 있었다.[23] 바로 이 무모한 혁명가이자 공상가는 로베스피에르의 적으로 몰려 체포된 뒤 감옥에서 죽어야 했는데, 그의 사인은 뇌졸중이거나 아니면 그의 친구 카바니스(1757-1808)가 이 박해받는 자에게 전해 준 정제로 이루어진 독약 때문으로 알려졌었다. 이렇게 콩도르세는 자신의 유토피아와는 어긋나는 이야기의 주인공이 되고 말았다. 더욱이 그의 책을 독일어로 번역한 튀빙겐의 에른스트 루트비히 포셀트Ernst Ludwig Posselt 또한 대역죄에 연루되어 결국은 하이델베르크에서 창을 열고 뛰어내려 자살[24]했으니, 죽고 사는 일이 뜻대로 되는 것은 아닌 것 같다.

물론 신자들은 무신론자들도 용감하게 죽을 수 있다는 것을 부정해서는 안 될 것이다. 그러나 반대로 무신론자들 역시 신자들이 신앙으로 인하여 마지막 현실로서의 죽음과 다른 관계를 맺을 수 있다는 것을 부정해서는 안 될 것이다. 왜냐하면 인간은 우리 모두를 포용하는 힘에 의존함으로써 기존의 온갖 관계들과 단절하고 다시 한 번 완벽히 다른 관계를 맺을 수 있기 때문이다. 따라서 죽음에 직면한 환자일지라도 공포에 사로잡혀 당면한 현실에만 집착할 것이 아니라, 오히

23_ A. de Condorcet, 인간 정신의 발전에 관한 역사적 서술의 기획, Paris 1794 참조.
24_ K. Oesterle, 계몽주의의 마지막 철학자 200주년을 기념하여, in: 1994년 5월 14일자 슈바빙 일간지.

려 자유롭고 침착하고 여유 있는 마음으로 최종적 현실을 받아들일 필요가 있다. 이런 환자는 치유할 수 있다면 건강을 되찾으려는 노력이 의미심장하지만, 어떤 식으로든 죽음에 대한 투쟁은 무의미하다는 것을 잘 알고 있다.

언제나 죽어야 할 운명들과 마주치면서도 최종적 현실을 믿는 의사라면, 그는 죽음에서 죽음이라는 적을 보게 되지 않을 것이다. 그는 결국 자신의 무기력을 수긍하고 인내함으로써 **죽음과의 공감적 교류**를 맺게 될 것이며, 그가 더는 죽음을 물리칠 능력이 없을지라도 죽음을 회피하지 않게 될 것이다. 그는 죽어가는 환자들을 마지막까지 동반할 수 있게 될 것이며, 죽음이 찾아오면 환자와 함께 있을 것이다. 이렇게 인간적 배려야말로 중요한 것이다.

임종환자들에 대한 인간적 배려

불치병 환자에게 마지막 순간까지 모든 인간적 관심을 기울이는 것이 얼마나 중요한 일인가는 아무리 강조해도 지나치지 않다. 의사와 간병인들의 인간적 배려는 병원의 치료비로는 환산되지 않지만 많은 비싼 약품들보다 더 값진 것이다. 최대의 간병, 최소의 치료! 이것이 오늘날 임종환자를 돌보는 표어가 되고 있다. 환자의 임종까지 함께 있었던 어느 간병 여성은 이에 대해 나에게 편지를 보냈다. "먼저 이부자리를 깔고 다음에 기도하십시오. 사제직에는 육체의 업무도 포함됩니다."

기구 사용이 많은 현대의학은 임종을 앞둔 환자들을 외롭게 해서는 안 된다. 완벽한 시설을 갖춘 병원일지라도 치료 자체에만 전념하고 인간적 배려가 부족해서는 안 된다. 최근에는 점점 더 많은 의사, 간병인과 간호사들이 병원에서의 탈인간화 위험과 직면하여 도구와 약품의 지나친 남용보다는 인간적 배려에 신경을 쓰는 것은 반가운 일이다. 환자를 지향하는 의학은 포괄적인 육체적-정신적 간병만이 도움이 된다는 것, 또한 병원 내의 인간적 분위기와 특히 마지막까지 이루어지는 따뜻한 대화가 중요하다는 것을 알고 있다. 그 모든 치료요법상의 필연적인 냉철함과 전문적 엄격성에도 불구하고 언제나 따뜻한 감정이입의 능력과 환자를 보살피는 마음이 중요하다. 이럴 때에만 의사도 임종환자에게 병세가 어떤지 책임 있게 말할 수 있으며, 환자도 정신적 공황상태에 빠지지 않게 된다. 이럴 때에만 환자에게 죽음이 과중한 무게로 다가서지 않고 좀 더 가벼워진다.

그러나 동시에 임종환자를 정성껏 돌보고, 기회가 있을 때마다 집안의 일이나 종교업무, 재정업무를 정리하도록 돕는 친척들과 친구들의 인간적 배려 및 애정이 필요하다. 주변 사람들이 수술과 통증, 방사선 치료, 화학요법이 인간을 어떻게 변화시킬 수 있는지 이해하고, 죽음의 여러 단계(역주: 29쪽에 있는 엘리자베스 퀴블러-로스의 연구조사 참조)에 대해서도 알고 있다면, 그들은 죽음을 기다리는 환자의 무거운 마음을 달래줄 수 있을 것이다.

오늘날처럼 극대화된 육체에 대한 염려를 가지고는 마음의 고통을 진정시키기 어렵다. 임종환자로 하여금 스스로 불안과 근심, 공포를 이겨내도록 인내심 있게 시간을 주는 것은 아마도 최고의 선물이자 마지막 선물이 될 것이다. 아울러 그에게 약간의 위로를 주거나 그와 함께 기도하는 것도 매우 좋은 일이다. 우리는 더는 말은 할 수 없어도 들을 수는 있는 환자에게 뭔가 말을 건네는 것이 얼마나 좋은 일인지, 그리고 그가 거의 감각이 없을지라도 그의 몸을 만지는 행위가 그에게 얼마나 영적인 위로를 줄 수 있는지 잘 알고 있다. 품위 있는 죽음을 위하여 바로 이런 인간적 태도의 구체적 형식이 필요한 것은 아닐까?

물론 여기서 인간적으로 불가능한 것을 요구해서는 안 된다. 간병에는 한계가 있게 마련이다. 의사와 간호사가 다른 의무들을 가지고 있을 수 있기 때문이다. 친척들과 친구들도 대체로 직업 때문에 전적으로 간병에만 매달릴 수는 없다. 그런데 의사들이 할 수 있는 것을 다 했고 약제처방도 끝났다고 선언하여, 가족이 환자를 집에 데려가라고 요청한다면 어떻게 해야 할까? 대부분 환자들은 당연히 마지막 삶의 단계를 집에서 보내기를 소망하지만, 그러나 바로 이것이 실제로 불가능한 경우가 허다하다. 환자의 가족은 엄청난 부담과 직면하여 불안감을 갖게 된다. 현대사회에서 대가족의 해체와 독신생활은 많은 것을 변화시켰다. 가족들이 직업이 있다면, 가정에서의 보호체계나 환자를 씻겨주고 응급조치를 취할 수 있는 간호사의 방문이 도움될 것이다. 그러나 이것이 가능하지 않다면, 양로원이나 요양원으로 가는 것이 불가피하다.

그렇지만 잘 꾸며진 1인실이 이른바 의료처리가 종결된 환자의 인간다운 죽음을 보장해 주는 것은 아니다. 병원이 죽어가는 사람들의 보호소일 수 없다는 것을 통찰한다면, 우리는 오늘날 죽음 클리닉 Sterbeklinik에서 인간답게 죽고자 하는 그 모든 사람의 희망을 그만큼 더 많이 충족시켜야만 할 것이다. 이곳에서는 모든 심적 부담들을 견뎌내고 오로지 그 분야에서 제대로 훈련된 전문인력이 임종을 앞둔 환자들을 죽을 때까지 성심껏 돌봐 줄 수 있다.

독일의 의회에서 **간병보험** 안이 체결된 이후, 영국과 미국에서 시작된 **호스피스운동** 때문에 현재 약 100개의 호스피스(10 내지 15개의 임종환자 자리)가 있는 독일에서도 이런 시설을 만드는 일이 훨씬 쉬워진 것으로 보인다. 호스피스에서는 소모적인 도구의학을 포기함으로써 생명이 인위적으로 연장되는 것이 아니라, 가능한 한 진통제로 고통을 견디도록 적절한 조치가 취해진다. 말하자면 종말에 이르도록 의식적인 삶이 추구된다.[25]

그러나 이제 집이든 병원이든, 아니면 죽음 클리닉에서든 이미 파괴된 삶을 더는 견딜 수 없는 사람들이 전보다 더 많아졌다는 사실을 우리는 간과해서는 안 된다. 그들의 이루 형용할 수 없는 고통은 종종 마취과의 가장 강렬한 통증차단 치료로도 사라지지 않는 경우가 있다. 그들은 정신 약물 내지 모르핀의 도움으로 진정되거나 의식을 잃어 가

25_ J. C. Student 교수가 1979년 코헨과 1983년 버킹엄에서 발표한 다음의 호스피스에 관한 열 가지 원칙 참조. ① 환자와 그의 가족들은 보호의 공동 수탁인으로 간주된다. ② 여러 전문적인 단체를 통한 배려(특히 의사, 간호사, 사회사업가, 성직자), ③ 1주일 내내 24시간의 풀 서비스가 가동된다. ④ 철저한 지식과 경험체계의 확립(특히 마취 및 진통문제), ⑤ 도움체계의 통합요소로서의 지원자 결집, ⑥ 비용과 상관없이 환자에 관한 프로그램 수용, ⑦ 유가족에 대한 배려, ⑧ 의료서비스에 대한 관리체계 확립, ⑨ 기존 서비스(병원, 가정에서의 보호체계)와의 협력 강화, ⑩ 가정에서의 보호체계에 대한 지속적 고려.

족과 대화할 기회를 빼앗기기를 원치 않는다. 그들은 의식을 차렸을 때 가족 및 친지와 작별을 고하고 죽기를 바란다. 그러나 그들은 죽을 수가 없기 때문에, 품위 있는 죽음을 위하여 **효과적인 안락사**를 요구한다. 그리고 오늘날 어떤 종류의 안락사가 인간적이고 인간으로서 품위를 지키고, 따라서 도덕적으로 허용될 수 있는지 이에 관해 부분적으로는 열띤 논의가 일어나고 있다.

논란의 여지가 없는 안락사

나는 이제까지 인간 수명의 엄청난 연장이 개인과 사회에 제기하는 각종 문제에 대해서는 언급하지 않았다. 1994년 5월 통계청이 보고하고 있는 바와 같이 이미 독일 국민의 20%가 60세 이상이며, 게다가 25년 뒤에는 25%를 넘게 되어 있다. 그리고 현재 국민의 3.8%가 80세 이상의 고령에 속한다. 나는 특히 연금보험에서 점점 더 늘어만 가는 노인 생활보장에 대한 경제적-사회적 영향이 어떤지에 대해서는 상술할 수 없다. 연금보험의 연령별 피라미드가 위로 향하는 이유는 점점 줄어드는 소수 젊은이들이 점점 더 늘어가는 노인층을 부양해야 하기 때문이다. 막대한 국가채무로 말미암아 걱정과 우려가 앞서지 않을 수 없는 실정이다.

그러나 나는 증가일로에 있는 노인들과 노인층이 종종 인위적 생명연장을 고마운 일이 아니라 부담으로 느낀다는 까다로운 문제를 그냥 넘길 수만은 없다. 이 때문에 그들은 "자연사"에 대한 권리를 선언하고, 적극적 안락사와 관련하여 이에 상응하는 법 개정을 요구하고 있다. 1991년 11월 워싱턴 주의 투표에서 의사의 도움을 받는 임종환자의 자살[26]을 법적으로 인정하자는 데 46%가 찬성했을 때, 그것은 경험적으로 유럽 전체에도 하나의 전례가 되었다.

특히 우리의 이웃 나라 네덜란드에서는 독일에서 금지된 여러 가지가 허용되고 있다는 것은 잘 알려진 사실이다. 근본적으로 의학적이고 법학적인 관례는 각각 해당 전문가에게, 의학윤리의 세세한 문제 또한 해당 윤리학자에게 맡겨야 한다. 그러나 이 문제들은 일반 철학적-신학적 관점에서도 결정되고 있으며, 나는 신학자로서 그럴 자격이 있다고 생각한다. 이제 나는 오늘날 안락사라는 주제에 논란의 여지가 없는 것으로 보아도 좋은 것을 다음과 같이 정리할 것이다.

〈1〉 안락사를 위장하는 모든 **강제안락사의 윤리적 배척**은 당연할 뿐만 아니라 논란의 여지가 없다. 예를 들어 소위 "살 가치가 없는" 유대인들, 집시들, 슬라브 인들에 대한 대량학살과 정신적 또는 육체적 환자들의 강제살인이 바로 이런 경우에 해당한다(히틀러의 비밀명령에 따라 1939년 9월 1일부터 1941년 8월까지 어림잡아 60,000~80,000명이 살해당했다). 인간의 가치를 말살하는 이런 가증스러운 잔혹 행위는

26_ 1994년 11월 8일에 있었던 미국 오리건 주의 투표에서는 52%의 유권자가 특정한 전제하에서의 자살에 찬성했다. 즉, 의사들은 "죽음의 주사"를 놓아서는 안 되지만, 환자들은 그들의 요구에 따라 상응하는 약품들을 스스로 주문할 수 있다. 단, 환자는 15일 내에 적어도 세 차례 죽음에 사용할 약을 신청해야 하며, 한 차례는 두 사람의 증인이 배석한 가운데 서면으로 약품을 신청해야 한다. 그 밖에 환자가 6개월 이상 살 수 없다는 의사의 확증이 필요하다. 우울증 환자는 대상자가 될 수 없다.

더 이상 허용되어서는 안 된다. 이처럼 국가지령에 의한 강요된 안락사의 형식은 만인이 공로할 무자비한 살인인 것이다! 제2차 세계대전 이후에 있었던 국제의사협회 선언들도 강제안락사는 기본적 인권에 저촉된다는 것을 명백히 밝히고 있다. 그 누구도 범죄행위를 기억하며 "살 가치가 없는 삶"[27]이라는 말을 다시는 입에 담아서는 안 될 것이다.

안락사와 관련하여 독일에서는 이 말이 히틀러 이래로 거론되기 어려운 상황이라는 것은 충분히 이해될 수 있는 일이다. 하지만, 본래 그리스-로마 시대에 생겨난 이 말은 "편안한 죽음", "아름다운 죽음", "은혜로운 죽음", 다시 말해 편안하고, 빠르고, 쉽고, 고통 없는 죽음을 의미했다. "안락사 약물학euthanasia medica"은 16세기 초에 최초로 프랜시스 베이컨에 의하여 의사의 과제로서 인식되었다. 이렇게 안락사라는 용어는 세계적으로는 계속 긍정적 또는 중립적 의미에서 사용되어 왔다. 이제는 독일에서도 필히 이 말을 금기로 여겨서는 안 될 것이다.

〈2〉 **생명의 단축 없는 안락사**는 윤리적으로 책임이 없으며 논란의 여지가 없다. 이 경우 의사의 행위는 통증을 가라앉히는 진정제 또는 마취제의 투여로 제한된다. 오늘날 환자로 하여금 육체의 고통을 참을 수 있을 만큼 줄여주고, 삶의 마지막 단계에서 그의 마음을 정신 약물로 떠받쳐주는 것은 인간의 존엄한 죽음을 위해서도 필요한 조치이다.

27_ K. Binding - A. Hoche, 살 가치가 없는 삶의 전멸허가, Leipzig 1920 참조: 이들은 히틀러의 안락사 프로그램 이전에 이미 "쓸모없는 존재들"의 살해를 촉구했다.

이와 같은 안락사는 법적으로 타당하고, 윤리적으로도 책임이 없다. 생명의 유지는 고통완화와 자유로운 분위기 조성과 병행되어야 한다.[28] 불필요한 연명치료를 통하여 죽음을 지연시켜서는 안 된다.

〈3〉 끝으로 생명을 단축시킬 수 있는 **소극적 안락사**passive Sterbehilfe 는 윤리적으로 책임이 없으며 논란의 여지가 없다. 이는 인위적 생명 연장의 철회를 통한 간접적 안락사이다(역주: 환자나 가족의 요청에 따라 생명유지에 필요한 영양공급이나 약물치료를 중단하는 행위). 인간이 생명의 유지를 위하여 "특별한 수단"을 사용하지 말아야 한다는 것이 고전적 도덕신학의 원칙이다. 그러므로 어떤 상황에서든 생명을 연장시키는 모든 가능한 요법이나 수술을 받지 않고 견디는 것은 윤리적으로 환자의 책임이 아닌 것이다! 환자가 또 한 번 수술을 받을 것인지 아닌지를 주어진 정보에 따라 결정하는 것은, ─ 이로 인해 더 늦게 점점 더 어렵게 죽을 수도, 아니면 반대로 더 빨리 쉽게 죽을 수도 있지만, ─ 의사가 아니라 전적으로 자신에게 달렸다. 환자에게는 의사의 임상적 치료 방식에 대하여 자유롭게 결정할 권리가 있다.

의사는 어떻게 해서든 임종환자의 생명을 연장시켜야 할 의무가 없으며, 죽음의 과정이 길어지면서 발생하는 병발증併發症에도 책임을 지지 않는다. 의사는 특정한 치료를 무한히 계속할 필요가 없으며, 의학적 조치의 중단 또는 치료중지를 통하여 죽음이 더 빨리 찾아올지라도 환자를 "자연적인" 죽음에 이르도록 내버려 둘 수 있다. 다시 말해

28_ A. Ziegler, 안락사, 기본적 물음과 명제들, in: Orientierung Nr.4, 1975, 39–41쪽, Nr.5, 1975, 55–58쪽 참조.

"생명연장을 위한 조치는 죽음의 지연이 임종환자에게 요구할 수 없는 고통의 연장을 의미하고, 기본적인 고통이 경과가 지나도 더 이상 영향을 받을 수 없는 것이 분명하다면 철회해도 좋다."[29] 이 모든 것은 바로 의사가 소극적 태도를 취하여 생명의 단축이 간접적으로 일어나는 안락사이다.

이러한 소극적 또는 간접적 안락사에 대해서는 오늘날 의사들과 법학자들, 신학자들 사이에도 더 이상 논란이 없다. 아울러 중요한 결실이 있었는데, 보수적 기독교 교리가 달라진 것이다. 교황청의 공식적 선언문[30]에 의거할지라도 환자가 이런 식으로 자기 책임에 따라 죽음의 시간 내지 죽음의 날을 결정한다면, 창조주의 독점적 권리를 침해하는 것이 아니라는 것이다. 즉, "죽음이 임박해 있고 더 이상 어떤 치료에 의해서도 죽음을 막을 수 없다면, 이에 해당하는 환자들은 단지 무기력하거나 고통스럽고, 생명연장만을 초래할 수 있는 더 이상의 치료시도 포기를 양심에 따라 결정해도 좋다. 그렇지만 이런 경우들에도 환자에게 의무적으로 시행되는 정상적인 도움들을 중단해서는 안 된다."[31]

29_ 1993년 9월 17일자 독일의사신문Deutsches Ärzteblatt.

30_ 1980년 5월 5일의 안락사에 대한 로마교황청의 신앙집회Glaubenskongregation 선언문에 의거할지라도. "환자는 그의 삶의 마지막 단계에 대하여 결정할 수 있는" 주요 책임자이다. 다음은 이에 관한 헤르더-통신Herder-Korrespondenz 34(1980)의 재인용문이다. "많은 경우에 여기서 윤리학의 기본원칙이 어떻게 적용되어야 하는지 의구심이 들 만큼 상황이 까다롭게 얽혀 있을 수 있다. 해당사항에 대한 결정권은 환자의 양심 또는 의사나 적법한 대리인에게 귀속된다. 이와 동시에 도덕적 명령뿐만 아니라 구체적 사례의 다양한 양상이 필히 주목되어야 한다"(453쪽).

31_ 상기 로마교황청의 신앙집회 선언문 454쪽 참조.

그러나 이에 반해 직접적으로 생명의 단축을 거냥하는 **적극적 안
락사**는 격렬한 논란을 불러일으키고 있다.[32]

논란의 여지가 있는 안락사

오랫동안 모든 적극적 안락사의 거부는 계속 당연한 것으로 간주
되었다. 영국과 프랑스 등 몇몇 국가에서 의사가 직접 관련된 적극적
안락사는, 설령 그것이 환자의 명백한 요구에 따라 일어났을지라도,
징역 14년까지의 형벌에 처하고 있다. 그러나 우리는 다음과 같은 사
실을 알아야 한다. 즉, 점점 더 많은 사람과 단체들(존엄사협회, 사망협
회 등)은 자유의지에 의한 안락사를 요구하고 있다. 1976년 8월에는 이
〈죽을 권리 협회들Right to Die Societies〉의 첫 세계회의가 열렸고, 이 회의
에서는 다음과 같은 계획적 사안들이 체결되었다. ① 모든 사람은 자
신의 삶과 죽음에 대해 스스로 결정해야 한다. ② 생명유언장Living Wills
은 인권으로서 인정되어야 한다. ③ 환자의 의지는 법적 문서legales
Dokument로서 인정되어야 한다.

당시에는 8개의 국제적인 안락사 단체가 있었는데, 지금은 이미
30여 개에 이른다. 이들로부터 25개의 생명유언장이 공포되었고, 그것
은 자국에서도 법적으로 인정받게 되었다. 이 가운데 12개의 단체는

32_ 상기 선언문. "사망에 이르게 하거나 사망을 신속하게 하는 간여를 통한 의도된 생명단축은,
그것이 설령 환자의 요구에 따라 발생한 것일지라도, 허용될 수 없으며 형사법으로 다스려야
한다. 자살에서 의사의 직접적인 협력과 방조행위는 의사답지 못한 행위이다"(454쪽).

중환자가 더 이상 결단을 내릴 수 없는 경우, 의사 및 의료적 협조를 위한 법률 자문체계도 갖추고 있다("환자를 위한 법률대리인 역할의 지속적 행사").

적극적 안락사의 물음은 모든 면에서 이해가 될 만큼 깊은 감정의 골을 남겼다. 몇몇 의사들의 사례를 악용한 언론의 과장 보도라든가 미국 미시간 주에서 안락사 시술의사가 벌인 전 세계적으로 알려진 메시아적 캠페인은 책임 있는 적극적 안락사 지지자들의 관여에 커다란 피해를 끼쳤다. 그러나 내 생각에 적극적 안락사의 지지자들은 — 새로운 상황에 적절한 — 법규에 의거해서만 비로소 그들의 주장을 호소하고 있다. 그러나 특히 독일의 경우 이에 대한 이성적 논의를 나치 시대 운운하며 금기시하고, 나치 시대의 살인행위와 유사한 행위로 몰아간다면, 어떤 논의가 벌어지든 소용이 없을 것이다. 적극적 안락사의 모든 형태를 마치 해당자의 자발적 의지에 따라 이루어지는 "은총의 행위Gnadenakt"가 아니라, 그의 의지에 반하여 일어나는 폭력행위라는 듯이 단순히 "살해"와 동일시하는 것은 잘못이다.

많은 안락사 단체들은 "임의적" 또는 "자발적"이라는 말을 심지어는 자신들의 단체 명칭으로 내걸고 있다. 비록 어느 안락사 관련 단체가 적극적 안락사의 법률적 허용을 요구할지라도, 구속력 있는 의사의 통제권한이 강화되어야 한다는 점에는 반대하지 않는다. 어떤 경우에든 중요한 것은 공증인이 작성한 해당자들의 완전한 자발적 선언들이다. — 협소하든 포괄적이든 죽음의 조건들은 상세하고 확실하게 명시되어야 한다. 이와 관련하여 사망에 이르는 불치병이거나 사망까지는 아니지만 중대하고 고통스러운 육체적 결함(예컨대 호흡마비증세), 아니면 결국은 회복불능의 중대한 뇌손상 내지 뇌질환의 경우 안락사의 조건이 될 수 있다.

여기서 전반적인 쟁점은 다음과 같은 물음에서 아주 첨예화된다. 즉, 인간 자신이 가능한 한 죽음의 시점과 방법, 방식에 대해 견해를 가질 수 있다는 것이 품위 있는 죽음에 중요한 조건이 될 수 있는가? 기독교적 관점에 따라 인간은 자신의 삶 자체에 대한 존립 여부를 결정할 권리가 있는 것인가?

나는 정신적이고 육체적으로 건강한 사람이 아니라, 죽기를 희망하는 불치병 환자를 고려하여 이 물음을 제기하고 있다는 데 주의해야 한다. 십여 년 전에 이미 튀빙겐 대학교에서 내가 최초로 죽음의 문제에 대하여 언급했었던 것처럼 현재에도 이런 숙고로 말미암아 어떤 사람에게는 혹시 나쁜 결과를 초래하게 될까 봐 종종 염려된다. 왜냐하면 단순히 사는 것이 권태롭거나 첫사랑이 깨어져서, 또는 직업적 경력에서 좌절을 맛보고 죽음을 택하려는 사람들에게는 우리의 논의 자체가 전혀 도움이 되지 않기 때문이다. 삶이 제대로 되어가지 않았다고 해서 삶의 위대한 실험이 끝난 것인가? 아니다, 이런 일로 자살을 택하는 것은 기독교인에게는 무책임하고, 도덕적으로 허락되지 않는다.

그러므로 나는 여기서 남녀노소를 불문하고 삶의 종국(말기 암 또는 최종 단계에 접어든 에이즈 등)에 도달하여 어찌할 수 없이 죽음에 가까이 가 있는 사람들의 경우로만 논의를 제한하고 있다. 이런 사람들은 과연 죽음과 직면하여 자신의 삶을 뜻대로 처리해도 좋을까? 삶에서와 마찬가지로 죽음에서도 **자기결정권**Selbstbestimmungsrecht이 있는 것일까? 의사 또한 적극적 안락사의 요청을 받아들여 그것을 실행해도 좋은 것일까?

적극적 안락사, 왜 그것은 안 되는가? 이제까지는 비기독교 내지 비종교적 안락사 지지자들만이 이렇게 반문해 왔다. 인간은 자기 자신에 대한 자율적 처리 권한에 근거하여 죽음에 대한 결정권을 가지고 있으며, 자유로운 법치국가는 입법과 재판을 통하여 이 권리의 인식을 가능하게 해야만 한다. 교회가 세계관적 소수로서 다른 관점을 가지고 있다면, 교회는 나머지 다수를 감독하려 해서는 안 된다.

이 권리를 희망하는 개인은 누구나 개인적으로 작성한 생명유언장을 통하여 앞으로는 기술적 의학의 죽음연장 조치들을 제한할 수 있어야 한다. 개인의 유언장은 의사에게도, 그것이 비록 환자의 적극적인 의지에 부응할 만한 강력한 증빙은 아닐지라도, 법적 구속력을 가져야한다. 동시에 환자의 자발적 의지에 따른 적극적 안락사는 법적으로 허용되어야 한다. 의사에 대해 자신의 권리를 행사해도 좋고 또한 행사해야만 하는 해당 환자가 삶과 죽음을 결정하는 주인인 것이다.

적극적 안락사? 이제까지는 특히 기독교 교리를 따르는 반대자들이 절대로 안 된다고 반대해 왔는데, 이들 중에는 많은 신학자와 많은 (이미 상당수 줄어들고 있는) 법학자, 의사들이 있었다. 그들은 한결같이 인간이 자신의 삶을 마음대로 처리하는 것은 도덕적으로 허락되어 있지 않다고 말한다. 이에 속한 의사들은 "히포크라테스의 선서"를 인용하면서 의사는 치료와 고통 완화를 위해 존재하는 것이지 살인을 위해 존재하는 것이 아니라고 주장한다. 물론 연로하고 병든 사람들보다 젊고 건강한 사람들이 더 많이 안락사, 이른바 은혜로운 죽음Gnadentod의 철폐를 외치리라고 생각된다. 아마도 절망적인 병의 구체적 상황에서는 이런 일이 없을 것이다.

기독교 교리를 따르는 법학자들은 법치국가란 올바르게 이해된 자유의 관심에 따라 부탁에 의한 살인을 결코 허용할 수 없다고 덧붙인다. 이들과 견해를 같이하는 신학자들은 결론적으로 인간의 생명은 진실로 하느님이 인간에게 부여한 생명에 기초해 있으며, 그것은 하느님의 창조물이자 고귀한 선물이기 때문에 인간의 처리권한에서 근본적으로 벗어나 있다고 주장한다.

이런 논증들이 의사들과 법학자들에 따라서 다양하다는 것은 명백한 사실이다. 이 논증들은 세계관적으로 채색되어 있으며, 고백적으로든 은폐되어 있든 철학적–신학적 사상에 고무되어 있다. 그렇기에 무엇보다 의식 저변에서 작용하는 신학적 논증들은 종종 시험을 거치지 않을 수 없었다. 의사는 종종 검사를 두려워하며, 검사는 판사를 두려워한다. 반면에 판사는 의사와 검사를 "하느님의 분노"라는 말로 위협하는 신학자를 두려워하는 것처럼 보인다. 그러므로 신학자들이 뭔가 해명하는 데 앞장서야 하는 것은 아닐까? 그렇다면 적극적 안락사를 위해서도 신학적으로 무엇인가 말해야 하는 것은 아닐까?

적극적 안락사에 대한 찬반

내가 이에 관해 직접 관련된 당사자로서 이야기할 처지가 아니라는 것을 솔직하게 인정한다. 따라서 나는 서두에서 말한 바 있는 삶의 오랜 숙고에 대한 발언으로 되돌아갈 것이다. 내가 여기서 나에게 결정적이 되어 버렸던 개인적 추억을 끌어들인다면, 진리추구에 도움이 될 것이다.

거의 40년 전, 그러니까 내가 로마의 성 베드로 성당에서 가족과 친지들에게 둘러싸인 채 처음으로 사제서품을 받았던 1954년 10월 11일, 나의 형이 이곳으로 오는 도중에 갑자기 졸도하는 일이 벌어졌다. 우리는 모두 처음에는 그가 그저 과로하고 피곤해서 그러려니 하면서 이 일을 심각하게 받아들이지 않았다. 어느 정도 회복된 3주 후 형은 당시에 뇌수술의 세계적 권위자 크레엔뷜 교수를 만나기 위하여 스위스의 취리히로 옮겨갔다. 진단결과는 소뇌와 뇌간 사이에 뇌종양이 생겼으나 수술은 할 수 없다는 것이었다.

나의 형은 병원에 머물면서 방사선 치료와 화학요법을 받았으나 허사였다. 마침내 형은 불치판정을 받고 퇴원했다. 형의 건강 상태는 갈수록 악화되었다. 점차 사지가 마비되고, 모든 기관이 갈수록 기능을 상실하고 있었다. 의식은 명료하지만 점점 더 심장과 순환기, 호흡기에 장애가 심해지면서 죽음의 과정이 무서울 정도로 서서히 진행되었다. 결국, 심하게 기침을 하다가 폐에 물이 차면서 첫 졸도 이후 1년 만에 질식사하고 말았다.

이런 일을 당한 이후 나는 이것이 "하느님이 주신", "하느님이 처리한" 죽음인가 하고 늘 반문해 왔다. 인간은 이런 것을 마지막까지 "하느님이 주신 것", "하느님이 원하는 것", 심지어는 "하느님의 마음에 드는 것"으로 순종하며 무조건 받아들여야만 하는 것일까? 나는 특히 안락사에 대한 강연 준비[33]를 하다가 튀빙겐 대학교 신경외과 에른스트 교수의 도움으로 뇌종양 환자들을 만나게 된 이후로 계속 이런 물음을 던지고 있다.

여기서 나는 우연하게도 나의 형과 유사한 증세가 있는 환자를 접하게 되었다. 오늘날 놀랄 만큼 자세한 컴퓨터 단층촬영과 레이저 기술, 미세 수술법의 발전에도 불구하고 진단결과는 이번 경우에도 수술 불가였다. 현재 독일에는 1년에 약 10,000명이 뇌종양에 걸리고 있으며, 또한 약 10,000명이 뇌전이를 가지고 있다.

물론 나에게는 다음과 같은 신학의 전통적 논증들이 말하자면 젊은 시절부터 친숙했었다.[34]

— 인간의 생명은 "하느님의 사랑의 선물"이며, 그렇기 때문에 인간이 마음대로 처리할 수 있는 것이 아니라는 것이다. 이 말은 옳고, 내게는 아직도 진리로 남아 있다. 그러나 다음의 말도 옳다고 생각된다. 즉, 인간의 생명은 하느님의 뜻에 따라서도 우리 인간의 과제이며, (타인이 아닌!) 우리 자신의 책임 있는 처리

33_ 1988년 튀빙겐 대학교에서 개최된 신경외과 국제학술대회 이전에 준비하고 있었던 강연.
34_ 1980년 5월 5일의 로마 교황청 신앙집회 선언문 가운데 특히 452쪽 참조.

에 맡겨져 있다. 이는 하느님의 율법에 기초한 자율이다.

— 다음으로 인간의 삶은 오로지 하느님의 "창조물"일 따름이라는 것이다. 그러나 삶은 창조주의 뜻에 따라 어버이의 "창조물"로서 애초부터 인간의 책임에 맡겨진 것은 아닌가?

— 인간은 하느님에 의해 "처분되는 최종 순간"까지 삶을 견뎌야만 한다고 전통신학은 주장한다. 그러나 나는 도대체 처분되는 순간이란 무엇이고, 하느님이 실제로 인간의 삶을 생물학적 삶으로 제한하여 처분하시는지 되묻고자 한다.

— 하느님이 주신 삶의 "때 이른" 반환은 하느님에 대한 인간의 부정이고, "하느님의 주권과 그분의 섭리에 대한 거부"이다. 이런 행위는 "하느님의 계율의 훼손"이자 "인간 존엄성에 대한 모독", "삶에 대한 범죄", "인류를 해치려는 음모"와 같다는 것이다. 그러나 (나는 나의 형의 경우만 생각하는 것은 아니다) 이런 말이 단정적으로 파괴되어 버린 삶과 도저히 견딜 수 없는 고통과 직면한다면 무슨 소용이 있겠는가?

이와 같은 주장("통치권 논증Souveränitätsargument")의 배후에는 하느님에 대한 왜곡상이 존재하는바, 그것은 일방적으로 선택되고 자구적字句的으로 받아들여진 성서에 근거해 있기 때문이다.[35] 단순히 종에 불과

35_ 이에 대한 나의 관점은 분명히 개신교 신학자 W. Neidhart의 저서에서 도출된 것이다. W. Neidhart, 한 사람의 신학자의 입장에서 본 중환자의 자기결정권, in: Schriftenreihe der Schweiz. Gesellschaft für Gesundheitspolitik No.36, Muri/Schweiz 1994 참조.

한 인간을 통치자로서 처리하는 창조주로서의 하느님, 인간의 주인이요 소유자, 절대적 지배자, 입법권자, 재판관이자 근본적으로 형리이신 하느님이 이런 논증의 주창자들에게서 주도적인 상(像)이다.

이와는 달리 연약하고 고통을 당하고 길을 잃고 헤매는 자들의 아버지로서의 하느님, 인간에게 생명을 선사하고 인간을 자애롭게 보살피시며 인간을 동등한 상, 자유롭고 책임감 있는 파트너로서 소유하려는 공고한 연대감을 보이시는 **자비로운 하느님**을 생각해 보라! 그러므로 임종을 앞둔 환자에게 고통을 정신화하거나 신비화하고 심지어는 교육적 목적("지상에서의 정화")으로 삼는 것이 아니라, 가능하면 — 환자를 치료하신 예수님의 자취를 따라 — 고통을 완화하고 제거해 주는 것이 우리의 과제이다.

"고통 없는 사회"를 걱정하는 신학자들이 있다고 한다. — 그들은 대체 어떤 세상에서 살고 있고 어떤 세상을 원하고 있는지 아리송하다. 아니, 이런 맥락에서 "그리스도의 고통에 동참"하라고 요구하는 신학자들도 있다. 그들은 마치 예수님이 의학으로 생명을 유지하는 임종 환자의 참을 수 없는 고통을 대변했다는 식이다!

그렇지만 나는 오해를 피하기 위하여 다음과 같이 내 생각을 덧붙이겠다. 나는 적극적 안락사의 특정 대변자들과는 방향을 달리한다. 나는 호주의 도덕철학자 피터 싱어처럼 인간은 불치병, 노쇠 내지 확실한 의식불명으로 인하여 "비인간" 또는 "더 이상 인간이 아닌 인간"이 되는 것[36]이라고는 결코 생각하지 않는다. 이 과격주의자는 "예컨

36_ P. Singer, 실천적 윤리, Stuttgart 1984 참조. "그러므로 나는 태아의 생명에 대하여 합리성,

대 침팬지의 살해는 인간이 아닌 극심한 정신장애자의 살해보다 더 나쁠지도 모른다"라고까지 주장하고 있는데, 바로 중증장애인들이 이런 관점에 대해(심지어는 논의 자체에 대해) 격렬히 반대하는 것을 우리는 충분히 이해할 수 있다. 장애가 있는 신생아와 혼수상태에 있는 사람들도 인간다운 인간으로서 존중되어야 한다는 것이 나의 근본적인 생각이며, 따라서 나의 견해는 피터 싱어와는 정반대라고 할 수 있다.[37]

요컨대 인간은 인간이기 때문에, 그리고 인간은 머지않아 죽을 수밖에 없는 임종환자로서도 마지막까지 인간으로 남아 있기 때문에, 품위 있는 삶에의 권리뿐만 아니라 품위 있는 죽음 및 작별에의 권리를 소유하고 있는 것이다. 이렇게 볼 때 임종환자는 의료기구나 약품에 무한히 종속되는 것을 거부할 권리가 (내 생각에 아마도) 있다고 여겨진다. 그리고 임종의·과정이 몇 년씩 지속되면서 단지 식물상태의 존재로서 생명의 연장만이 가능하다면, 이런 경우 약리학적 "진통"의 모든 기술이 확보되어야 할 것이다.

자기의식, 지각능력, 감수성의 유사한 단계에 있는 비인간적 생명체의 생명보다 더 많은 가치를 인정하지 않기를 제안한다. 태아는 인간이 아니므로 어떤 태아도 인간과 똑같은 생명에의 요구 권한을 갖지 못한다."(162쪽) "예컨대 침팬지의 살해는 인간이 아닌 극심한 정신장애자의 살해보다 더 나쁠지도 모른다."(135쪽) 이런 기준과 범례에 의하여 태아나 신생아를 사망에 이르게 하는 결정까지도 거의 정당화된다.

37_ 지나치게 과격한 피터 싱어의 주장에 대한 비판으로 R. Merkel 편, H. Hegselmann, 안락사에 관한 논쟁, Frankfurt 1991 참조. J-P. Wils 편, H. Hegselmann, 안락사 논쟁, 싱어와 인간성 상실, Tübingen 1990 참조. [이들의 반론에 따르면 "살 가치가 있는 삶"과 "살 가치가 없는 삶" 사이의 차별화는 히틀러의 무시무시한 홀로코스트 이후로는 결코 "떳떳하게" 이념적 부담감 없이 사용되어서는 안 된다는 것이다.] 탄생이 생명권에 대한 경계여야 하고 신생아는 인간으로 인정될 수 없다는 것은 내가 보기에도 생물학적으로 근거가 없고, 윤리적으로 받아들일 수 없으며, 법률적으로도 크나큰 재앙이다.

우리는 **적극적 안락사와 소극적 안락사의 차이**를 개념적으로 분명히 해야만 하며, 무엇보다 의학자들은 명확한 답을 준비해야만 한다. 나는 개념적으로 명확한 답을 가지고 있다고 자인한다. 하지만 의사라면 누구나 오늘날 의학이 갈수록 눈부시게 발전하기 때문에 적극적 안락사와 소극적 안락사 사이의 모호한 지대가 그만큼 더 커지리라는 것을 알고 있다. 구체적으로 묻는다면, 무엇 때문에 생명유지를 위한 의학적 조치의 중지(예컨대 인공호흡기를 떼어내는 행위)가 소극적 안락사, 그러니까 허용된 안락사인가?

많은 의사들은 이렇게 기계를 떼는 행위를 적극적 조치로서 느끼고 있다. 죽음이 임박함을 분명하게 볼 수 있는 효과의 측면에서 볼 때, 실제로 적극적 행위의 중단(어떤 기계를 떼어내거나 인위적 영양공급의 중단)은 어쨌든 과다한 모르핀 복용과 같은 적극적 행위와 동일할 수 있으며, 사정에 따라서는 심지어 아주 고통스러운 죽음을 초래할 수도 있다. 개념적으로 분명히 구별될 수 있는 것이 구체적으로는 거의 구별되지 않을 때가 잦은 것이다. 이를테면 적극적이냐 소극적이냐, 자연적이냐 인위적이냐 사이의 경계가 유동적이다. 소극적 안락사의 경우 단순히 "행동을 통한 중단"만이 중요한 관점이 된다는 법률적 해석은 내가 보기에는 거의 설득력이 없다고 생각된다. 이와 관련하여 실제로 다음과 같은 사례들이 있었다.

— 미국의 의사들은 살아날 가망이 없고 의식이 없는 카렌 앤 퀸란 Karen Ann Quinlan을 수년간이나 그녀의 부모 의사에 반해 인위적

으로 생명을 유지시켰다. 법학자들과 법정은 처음에는 의사들의 행위를 지지했으나, 결국 주 대법원은 퀸란 부모의 손을 들어주었다.[38]

— 이와는 달리 네덜란드의 어느 여의사는 반신불수로 절망에 빠진 78세의 노모를 과다한 모르핀 복용으로 편안하게 잠들게 했고, 이 때문에 상징적인 형벌만을 받게 되었다.

— 스위스의 대장암 말기 환자인 어느 여성작가는 사망협회Exit-organisation의 철저히 규정된 규칙에 의거하여 자살을 시도할 수 있었다.

지나간 세기들에서는 때 이른 생명단축을 방지하려는 대책이 중요한 문제였다(물론 현재에도 유산을 노리는 사람들이나 무책임한 의사 및 간병인들을 막기 위해 이런 대책이 실행되어야 한다). 하지만 우리 시대에는 환자가 요구할 수 있는 과도한 생명연장 방지대책이 화두로 떠오르고 있다. 이에 대해서는 친족도 어떤 식으로든 요구할 수 있고, 의사 또한 (연구에 대한 관심 내지 세계관적 근거로부터) 임종환자에게 권유하기도 한다.

그렇다면 적극적 안락사는 어떨까? 이에 대해 한편에서 "살인"이라고 외친다면, 다른 한편에서는 "공감, 연민, 은총, 애정 어린 후원"이

38_ Josepf und Julia Quinlan, 퀸란 가문의 사람들이 스토리를 이야기한다, New York 1997 참조(1975년 퀸란은 친구들과 과음을 한 뒤 혼수상태에 빠져 산소호흡기로 생명을 유지해 나간다. 그러나 오랫동안 무의식 상태에서 비참하게 죽어가는 딸의 모습에 그녀의 부모는 충격을 받고 호흡기 제거를 요청하면서 재판이 시작된다).

라는 말로 찬성을 외친다. 무엇이 과연 타당한가? 자애로운 예수의 추종자인 기독교인에게는 아무튼 순수 금지 및 징벌윤리보다는 윤리에 입각한 책임 있는 생활태도가 더 어울린다. — 태어나서 삶을 마감할 때까지.

인간의 책임에 맡겨진 종말

독일보다 적어도 더 올바르게 알려주는 네덜란드의 안락사 통계 수치가 보여주듯이[39] 오늘날 그 모든 것은 더는 예외적 사례들이 아니다. 혹자들은 나에게 비극적 상황에 있는 고통 받는 사람들과 너무 "감정적으로" 결속하여 신성한 원칙들을 희생시키는 것은 아니냐고 말할지 모르겠다. 내가 학문의 연구자이자 신학자로서 모든 감정을 배제해야 한다는 것이다. 이와 관련하여 우리 시대에 관철되어야 할 신성한 원칙들이 어떤 것인지 논의하고자 한다.

인간다운 인간이라면 누구나 삶에 대한 존중과 존엄한 생명의 불가침성을 중시하게 마련이다. 1993년 시카고에서 개최된 세계윤리를 위한 세계종교총회 선언문에는 무폭력 문화와 생명에 대한 경외심을 고취하는 취지의 단락이 들어 있다. "그러나 위대한 옛 종교적 · 윤리적 전통으로부터 우리는 '살인을 해서는 안 된다!' 아니, 더 적극적으로 말

39_ 의사들의 공식적 레멜링크–보고Remmelink-Bericht에 의하면 1991년 네덜란드에서는 의사들이 2,300명의 환자들에 대하여 그들의 명확한 요구에 따라 안락사를 실행했다. 400명 이상의 경우 의사들이 자살하도록 협조했다. 약 1,100명의 경우에 대해서는 의사들이 이른바 "의지표명 불능"의 삶을 마감시켰다(드러나지 않은 사례들도 많을 것으로 추정된다).

해 '생명에 대해 경외심을 가져라!'라는 명령을 들어서 알고 있다.

그러므로 우리는 이 태초부터 내려오는 명령의 결과를 숙고해 보자. 즉, 모든 인간은 그가 다른 이의 권리를 침해하지 않는 한, 생명, 육체적 불가침성, 인격의 자유로운 계발의 권리를 가진다. 어떤 사람도 다른 사람에게 육체적 또는 정신적 고통을 가하거나 상처를 입히고, 나아가 죽일 권리가 없다. 어떤 민족, 어떤 국가, 어떤 종족, 어떤 종교도 다른 방식이나 다른 믿음을 가진 소수를 차별하고, 정화하고, 추방하고, 척결할 권리가 없다."[40]

이 모든 것이 긍정적으로 받아들여져야 하는 것은 재고의 여지가 없다. 그러나 시카고 총회에서도 종교 간에 한 번도 합의를 이루지 못한 채 미해결로 남아 있는 안락사에 대한 특수한 물음은 제기되지 않았다. 이런 점에서 먼저 종교 간에 안락사에 대한 해명과 합의가 이루어져야 한다. 인간은 누구나 육체의 고통과 공포, 존엄성의 박탈 없이 편안하게 죽기를 바라는 법이다.

우리가 인간의 악의로부터가 아니라 사회, 과학, 기술, 의학의 급변으로부터 파생되는 가치 및 규범의식의 급속한 변화의 시대에 살고 있다는 것은 오늘날 보수적 신학자들과 주교들에게서도 인정받고 있다. 예컨대 그들은 현재 피임에 대해서도 변화된 시각을 보여주고 있다. 오늘날 삶의 과정이 점점 더 많은 가능성을 갖게 되고 그것이 인간의 책임에 맡긴다고 해도, 그 모든 것이 악마의 소산일 수는 없다.

40_ H. Küng(편), 세계윤리를 위한 문서화, München 2002, 26쪽 참조.

나는 이제 다음과 같은 점을 생각하지 않을 수 없다. 즉, 오늘날 적극적 안락사에 대해 반대하는 아주 많은 도덕신학자는 예전에는 적극적이고 인위적인 탄생 규정과도 유사한 마찰을 일으켰다. 그들은 생명 지배의 절대적 신권을 주장하기 위하여 인위적인 탄생 규정을 마찬가지로 안 되는 것으로 해석하고 배척했다. 그러나 이제는 결국 **인간생명의 시초**가 하느님에 의하여 인간의 책임에 맡겨졌다는 것을 통찰하지 않을 수 없게 되었다. 물론 현재의 교황은 아직도 이를 통찰하지 못한 채 인정하지 않는다.

그렇다면 **인간생명의 끝** 또한 동일한 하느님에 의하여 인간의 책임에 맡겨졌다는 것이 전혀 받아들여질 수 없는가? 하느님은 우리 스스로가 짊어질 수 있고 또 짊어져야 하는 책임을 우리가 그분에게 전가하는 것을 바라시지 않는다. 하느님은 인간에게 자유와 더불어 완벽한 자기결정권을 주셨다. **자기결정**이란 자의를 넘어서서 **양심의 결단**인 것이다! 자기결정은 언제나 자기책임을 동반하며, 자기책임은 항상 개인적인 요소뿐만 아니라 (타인을 고려하는) 사회적 요소를 포괄한다.

만일 한창때의 남자가 부인과 자식들을 염려하지 않고 사업실패나 직업적인 낙오 때문에 안락사를 요청한다면, 그것은 책임이 아니라 경솔함이나 방종에 지나지 않을 것이다. 반면에 평생 성실하게 일하고 타인을 위해서도 봉사해온 사람이 의사의 진단에 따라 종양이나 노인성 치매, 노쇠로 인한 총체적 무기력에 시달리다가 결국은 안락사를 요청하면서 가족에게 의식이 있을 때 작별하기를 원한다면, 이 또한 과연 방종에 해당하는 것일까?

삶에 대한 회의 또는 양심에 대한 회의와 직면하여 의사에게도 환자의 양심과 자기결정을 존중하는 태도가 우선권을 갖는 것은 아닐까? 이와는 달리 처신하는 의사의 태도는 내가 보기에 시대에 뒤떨어진 의학적 권위주의로 여겨진다. 물론 이와는 반대로 의사가 뭔가를 양심에 반해 의학적으로 시도할 의무는 없다. 하지만 그는 회의가 생길 경우 다른 의사를 찾는 일에 조력할 의무는 있을 수 있다.

여기서 몇 가지 물음이 제기될 수 있다. 100살 먹은 할머니에게 "새로운 좌골"을 삽입하여 그녀가 집에 돌아가 약 반년 더 살게 했다거나 또는 구조헬기에 실려 전문병원으로 후송된 화상을 심하게 입은 중환자가 6개월 더 생명을 유지할 수 있었다고 자랑하는 의사들이 환자에게 위로를 줄 수 있을까?—그 자체로 선행인가? 여러분은 고압 송전 케이블에 떨어져 그야말로 머리가 새까맣게 타버린 전기기사의 모습을 본 일이 있는가? 나는 본 일이 있는데, 그 처참한 모습은 이루 형용할 수 없었다. 그런가 하면 너무 심하게 다쳐서 그의 모습을 식별할 수가 없었고, 그의 가족에게조차 보여주기 민망한 중환자도 있었다.

그러나 오늘날 의사들은 현대의학의 기술적 가능성을 통하여 이런 중환자의 생명을 임의로 오랫동안 연장할 수도 있는 것이다. 많은 환자들이 통증과 고통에 대해서뿐만 아니라, 고도로 발전된 기술적 의학체계에 꼼짝없이 사로잡히는 데 대한 두려움을 가지고 있다면, 그것은 그리 놀라운 일이 아니다. 많은 환자들은 의학에 묶여 있는 자신의 무기력한 의존성과 자아상실, 마취제에 의하여 꾸벅꾸벅 졸거나 잠들고, 아무 생각도 못하고 의식 없이 살아가거나 또는 더 이상 마시거나 아무 체험도 못하는 신세에 대하여 엄청난 두려움을 갖고 있다.

이렇게 불운한 운명의 소유자가 생명을 보존하려는 의지가 있다면, 그것은 존경받을 만한 태도라는 것은 의문의 여지가 없으며, 어떻게든 그에게 도움을 주어야 할 것이다. 참으로 어떤 사람도 하루 또는 일 초를 더 일찍 죽도록 강요받거나 촉구 받아서는 결코 안 된다! 하지만 이와는 반대로 어떤 사람도 무조건 더 살기를 강요받아서는 안 된다. 생명지속의 권리는 생명지속의 의무가 아니며, 생명권Lebensrecht 또한 생명강요Lebenszwang와는 전혀 다른 것이다.[41] 만일 치명상을 당한 환자 스스로가 삶을 견딜 수 없다고 생각하여 자의적으로 완강하게 끊임없이 죽을 의사를 표명한다면 어떻게 할 것인가? 이런 요구는 앞으로는 거부될 수 없는 것 아닐까?

우리는 간혹 치명상을 입은 환자들이 여전히 생명을 유지하고 있다는 사실에 기뻐한다는 의사들의 말을 전해 듣는다. 반면에 자신의 비참한 처지를 비관하여 병원의 창문에서 뛰어내린 환자의 이야기는 거의 듣지 못한다. 그러나 "나의 상태를 견딜 수 없다. 나는 마지막으로 간절한 소망이 있다. 나는 죽고 싶다"라고 말한다면 이해될 수도 있는 많은 놀라운 사례들이 존재한다. 그런데 어떤 사람이 감히 나서서 다른 사람의 삶과 죽음을 결정할 것이며, 또한 그에게 더 살아서 고통을 계속 인내하라고 강요하고 싶겠는가? 죽고자 하는 환자의 소망은 틀림없이 의사가 확인해야 할 필수적 조건이지만, 의사가 관여해야 할

41_ A. Eser, 죽음에의 자유, in: 법률인신문Juristenzeitung 41(1986), 786–795쪽 참조.

근거는 되지 못한다. 의사가 관여할 근거가 확보된다면, 이는 임종을 앞둔 환자에게 "편안한" 느낌을 줄 수도 있을 것이다.

자살Suizid, 자유로운 죽음Freitod("자기살해Selbstmord"보다는 잔인한 느낌이 덜 드는 개념)에 대해 우리는 성서에서 옳고 그름의 어떤 논거도 찾지 못하게 된다. 구약에서는 블레셋 땅의 아비멜렉, 삼손, 래시스의 경우 부분적으로 자살이 인정되고 있으며, 신약에서는 배신자 유다의 경우가 그렇다. 자살은 성서 어디에도 엄격하게 금지되어 있는 것이 아니다. 이와 관련하여 덧붙이자면 나사렛 예수는 어디에서도 병을 하느님이 내리는 징벌이나 무조건 감수해야 할 운명으로 규정한 바 없었다. 오히려 예수는 병으로 고통을 당하는 사람들과 자신을 동일시하여 많은 경우에 그들을 구제하셨다. 그리고 이스라엘 최초의 왕 사울도 적에게 패배를 당하여 자기 "칼 위에 엎어져 죽었음"[42]에도, 그를 탓하는 구절은 성서에 나오지 않는다.

이는 엄청난 삶의 곤궁에 처하여 더 이상 비참하게 느껴진 삶을 끝낸 다른 사람들도 은혜로운 재판관을 만나리라는 것을 시사한다. 우리들 가운데 누가 신경질환적 우울로서 발생하는 사건이나 극도의 부담스런 상황을 맞이하여 시도하는 자살을 재판하려 하겠는가! 초기 기독교 시대에는 사창가에 끌려가 강간을 당하느니 스스로 또는 다른 사람의 도움으로 죽음을 택하는 여인들이 크리소스토모스, 에우세비오스, 히에로니무스와 같은 교부들에게 엄연히 칭송을 받았다.[43]

42_ 사무엘 첫째 31장 4절 참조.

43_ 방식. 자살, in: 국가백가사전Staatslexikon Bd.4, Freiburg 1988, 1154–1163쪽 참조.

우리는 다음과 같은 사실을 간과해서는 안 된다. 즉, 인간의 책임은 삶의 시작과 마찬가지로 삶의 끝과 관련해서도 다른 차원을 부여받았으며, 인간은 오늘날 성서에서 단순한 처방들을 끌어낼 수 없는 근본적으로 새로운 상황에 처해 있다. ─ 어느 정도까지 그러한가?[44] 인류사에서 처음으로 지난 100년 사이에 인간은 생활조건과 의학의 괄목할 만한 발전을 통하여 며칠 못 가거나 기껏해야 몇 달 가지 못했던 죽음을 대부분의 경우 더욱 길게 연장하는 데 성공했다. 이렇게 해서 치명적인 병의 시작과 끝 또는 총체적 노화의 시작과 끝 사이의 시간은 수년, 경우에 따라서는 10여년 이상 길게 연장될 수 있었다. 이제까지 태내기, 유아기, 사춘기, 장년기, 노령기의 단계로 구분되던 인간의 삶은 이런 식으로 삶이 연장됨으로써 그 규정이 혼란스럽게 되어 버렸다.

이 모든 것은 "자연"의 "자연스러운" 발전과정이나 하느님의 의지에 근거하여 이루어지는 것이 아니라, 거의 프로메테우스를 연상시키는 인간의 노력에 따른 것이다. 인간은 이 새로운 국면을 만들어 냄으로써, 그것은 많은 사람에게 거의 감당할 수 없는 부담 또한 되어 버렸다. 그럼에도 불구하고 성서적이면서도 시대에 걸맞게 시도되어야 할 윤리는 이처럼 전혀 새로운 상황을 맞이하여 탄생규정에 대한 물음과 마찬가지로 안락사에서도 자기 위치를 더욱 면밀하게 숙고하게 될 것이며, 삶의 마지막 단계에 대하여 책임 있는 방안을 마련하고자 노력하게 될 것이다.

44_ J. Pohier, Quitter la vie? Ou être quitte', 1991, No.58, 63–69쪽 참조. 새로운 상황에 대해 분명한 논조로 서술되어 있다.

신학적 책임감과 중용의 길

나는 물론 생명존중의 원칙에서 벗어난 태도가 얼마나 위험한 결과를 초래할 수 있는지 나의 시각을 분명히 하고자 한다. 나는 현재의 불만족스런 체계에서처럼 장래에도 환자에 대한 사회적 압박의 오남용이 있을 수 있고 또한 있게 되리라는 것을 알고 있다. 예컨대 환자의 삶을 종결시킴으로써 젊은 세대에게 자리를 더 만들어주거나 친족 및 사회에 부담을 덜어줘야 한다는 압박이 바로 그것이다. 분명히 말하건대 환자에 대한 친족들의 일체의 유산 횡령 행위, 수익을 지향하는 의료보험의 안락사에 대한 방조행위는 필히 법으로 차단해야만 한다. 이와 같은 오남용은 모든 법적 수단을 동원하여 막아야 하며, 형법으로 다스려야 한다.

나의 관점과도 여러 면에서 부합되는 네덜란드의 개혁적 신학자 해리 M. 쿠이테르트는 적극적 안락사의 승인에 대한 조건들을 다음과 같이 제시하고 있다.[45]

〈1〉 안락사 요청은 가족이나 간호요원이 아니라 환자 자신에게서 나와야 하며, 의사의 숙고와 (환자의 죽음에 대한 희망이 지속적인가에 대한) 확고한 진술이 있어야 한다.

〈2〉 환자의 참을 수 없는 고통의 상태가 이런 요청을 정당화할 만

45_ H. M. Kuitert, 요구에 따른 죽음Een gewenste dood: 안락사와 인간다운 죽음, Gütersloh 1991, 65–66쪽 참조.

큼 명백해야만 한다.

〈3〉 안락사는 오로지 편안하고 고통스럽지 않은 죽음으로 이끌 수 있는 의사에게만 맡겨야 한다.

〈4〉 의사는 환자의 요구, 환자 상태에 대한 올바른 판단, 생명종결 조치의 책임감 있는 실행과 관련하여 동료 또는 (외래 의사들) 가까운 친족과 먼저 협의를 거쳐야만 한다.

〈5〉 의사는 안락사 승인 조건들과 관련하여 보고서를 작성해야만 한다(네덜란드의 새로운 법규에 따르면 의사는 검찰에 보고서를 보내야만 한다. 그러나 검찰 측은 일반적으로 형사소추Strafverfolgung를 포기한다).

그러나 일차적으로 명백한 법적 불안정성을 제거하기 위하여 구체적 원칙들을 이끌어 내야 할 사람들은 의사들과 법학자들이다. 네덜란드의 경우가 이를 잘 입증한다. 안락사 문제를 해결하기 위한 분명한 법적 원칙들은 독일에서도 많은 사람의 실존적 불안을 없애주고, 의사들의 갖가지 양심의 가책을 완화하는 데 도움이 될 수 있을 것이다. 죽음을 맞이할 때에도 인간에게 자기결정권이 맡겨지도록 기본원칙들이 법제화되지 못하는 까닭은 무엇인가? 또는 우리에게 글자 그대로 지극히 인간적인 물음인 "존재 또는 비존재"의 순간이 닥쳐오는 삶의 최종단계에 대하여 우리가 법적으로 자유로운 공간을 소망하는 것은 과연 무엇 때문이겠는가?

그렇다, 내가 보기에 (환자요구에 의한 안락사 또는 해당자의 명시적인 의사가 없는 경우의 안락사와 관련하여) 책임에 대한 법적 결정은 윤리적으로나 법률적으로 적극적 안락사가 "개별적으로 허용되는" 아주 모호한 "초법적超法的 긴급상황"에 의존하는 것보다 더 합당하고 진실한 것처럼 보인다. 환자는 더 이상 어찌할 수 없을 만큼 한계에 도달하면 의사의 독단적 결정에 맡겨지거나 어쩌면 참을 수 없는 고통에 빠지게 될 것이다. 그렇다고 죽음이 여러 의사들이 희망하고 몇몇 법정판결이 전제하고 있듯이 "의사 재량"의 자유로운 권한으로 설명될 수는 없는 일이다. 이미 의사가 아니라 환자의 사고가 중요하다면, 의사는 아무리 선의를 가지고 있다 할지라도 "환자의 생각"을 무시할 수 없다.[46)]

완벽하게 문서화된 **생명유언장** 또한 법적 투명성에 도움이 되는 법적 규정gesetzliche Regelung에 속한다. 스위스의 예에서도 볼 수 있듯이 생명유언장은 그것에 실제로 환자의 긴급한 의지가 들어 있다는 것이 증명된다면, 양심에 가책이 없는 의사라 해도 무조건 존중해야만 한다. 취리히 대학교의 막스 켈러 교수는 이렇게 파악한다. "생명유언장은 법적으로 허용된다. 그것은 수취인에게도 구속력을 지닌다. 의사는 생명유언장이 환자의 실제적이고 확고한 의지와 부합되지 않는다는 것을 증명할 수 있을 때에만 그것을 거부해도 좋다. 환자의 가능하거나 가설적인 의지는 고려될 수 없다. 생명유언장의 처리자는 그것이 고려될 수 있도록 제삼자에게 (의지집행자의 의미에서) 위임할 수 있다. 위임받은 자는 생명유언장을 실행할 수 있다. 담당의사는 전권대리인

46_ A. Eser, 법과 윤리의 긴장 영역에 있는 의사. "의사 재량"의 문제에 관하여, in: O. Marquard 외 편, 의사 일상의 윤리적 문제들, Paderborn 1988, 78–103쪽 참조.

에게 의료상의 비밀을 누설할 수 없다."[47]

　여기서 유의해야 할 것은 위험을 강조하는 것이 사태의 반박논리가 될 수 없다는 사실이다. 내가 신학자로서 생활하는 동안 피임을 반대하면서 금기들의 붕괴위험이나 기타 왜곡된 관점을 내세우던 논리는 내게 아무런 감흥도 주지 못했다. 물론 일반 국민에 대한 장기적 보호에 관심사가 있을 수 있지만, 개인적으로 어마어마하게 짓누르는 죽음의 고뇌 또한 존재하는 법이다. 마찬가지로 "암을 가지고" 권유에 의하여 "연장되는 생명"이 한동안 지속할 수 있지만, 특정한 경우들에는 그것이 도저히 감당하기 어려울 수 있다.

　그러므로 특히 신학자들, 그 밖에 몇몇 의사들처럼 실제로 죽기를 원하는 환자들이 근본적으로 거의 없노라고 계속 주장해서는 안 될 것이다. 죽기를 원하는 만큼이나 그들은 더 좋은 보호와 인간적 배려에 대한 희망을 "은연중에" 품고 있어서 "그들의 안락사 요청에 대한 글자 그대로의 이해는 환멸만을 일으킬 수 있다"[48]라는 것이다. 이렇게 말하는 사람들은 어떤 식으로든 의학은 오늘날 죽음을 바라는 일이 없도록 약리적pharmakologisch으로 해결할 수 있다고 주장한다.

　그러나 이로써 의사는 자신이 아무리 양심적인 결정을 진지하게

47_ 취리히 대학교 M. Keller 교수의 10쪽으로 된 법률 감정서 참조.

48_ 교황청의 1980년 5월 5일자 신앙집회 선언문에 의거한 "생명윤리" 주장자들의 견해. 이에 관해서는 E. Schockenhoff, 생명윤리. 신학적 개요, Mainz 1993, 328-331쪽 참조. 이 가운데 331쪽에는 다음과 같은 언급이 들어 있다. "이 신학자는 줄곧 로마에서 습관적으로 일어나는 국가사회주의자의 실천과의 비교를 경계하고 있다(바티칸의 공식지 〈옷세르바토레 로마노〉는 네덜란드 의회의 새로운 안락사 입법에 반대하는 바티칸의 엄중한 비난들에 대한 기독민주당 출신의 네덜란드 법무장관 에른스트 히르쉬 발린Ernst Hirsch Ballin의 반박을 게재하기를 거부했다)."

수용하려 할지라도 삶과 죽음의 지배자가 되는 반면, 환자는 금치산자 선고를 받은 것은 아닐까? 간혹 의사에게도 기분이 침체되는 때도 있고, 따라서 환자를 덜 찾아보고 환자관리에도 무심해질 수 있다. 하지만 반문하자면, 많은 의사들 역시 적극적 안락사에 대한 마지막 간절한 요청에 불안감을 갖는 것은 아닐까? 이 때문에 그들은 종종 환자에게 필수적인 정보를 알려주기를 꺼리고, 인간 대 인간의 솔직한 대화를 회피하는 것은 아닐까? 죽기를 희망하는 환자가 안락사에 대해 편파적인 의사나 사제에게 자신의 솔직한 마음을 털어놓지 않는 것은 당연한 일이다. 그렇다면 그는 차라리 임종까지 그를 돌봐줄 선입견 없는 친절한 간호사에게 자신의 마음을 털어 놓지 않을까?

임종을 앞둔 환자와 대면하여 의사들이 양심의 가책을 느끼는 것은 틀림없는 사실이다. 그러나 개중에는 납득할 수 없는 사람들이 있다. 어떤 의사들은 공공연하게 전통적 원칙을 고수하면서 적극적 안락사라고 하면 무조건 거부한다. 반면에 그들은 통증치료가 한계에 부딪히는 많은 경우에 필요 이상으로 모르핀 복용량을 비밀리에 계속 더 늘려간다.[49] "환자의 안녕이 최고의 법칙"이라는 것은 의문의 여지가 없다. 하지만 이 최고의 법칙이 두려움 없는 종말을 요구하는 것은 아닐까?

법률가들이 늘 준칙의 갈등Normenkonflikt(사법Privatrecht ― 공법Öffentliches

<hr/>

[49] 영국 〈메디컬 저널Medical Journal〉의 최신 연구보고에 따르면 영국에서 의사들의 1/3이 이미 적극적 안락사를 실행했다. 그들 가운데 거의 1/2은 만일 적극적 안락사가 법적으로 허용된다면, 그것을 실행할 준비가 되어 있다는 것이다(1994년 5월).

Recht)에 부딪히고 있으며, 특정한 법의 변화가 전체 법질서에 미치는 영향을 우려해야만 한다는 것도 틀림없는 사실이다. 그러나 개중에는 납득할 수 없는 사람들이 있다. 어떤 법률가들은 자신의 세계관적 전제를 반영함이 없이 형식적으로 법을 고수하면서 바로 안락사의 경우에는 "최고의 법이 최대의 악법"이 될 수 있다는 점을 전혀 인식하지 못한다.

신학자들과 교인들이 특별한 도덕적 감수성을 요구한다는 것은 틀림없는 사실이다. 그러나 개중에는 납득할 수 없는 사람들이 있다. 어떤 신학자들과 교인들은 낙태 문제에서와 마찬가지로 안락사 문제에서도 대다수 사람들로부터 이해될 수 없는 관점을 냉정하고 엄격하게 고집하고 있다. 바로 가톨릭과 개신교 교회들은 **도덕적 엄숙주의** Rigorismus와 "자살에 대한 제한 없는 자유"를 주장하는 **부도덕한 자유주의** 사이에서 **이성적인 중용의 길**을 가는 것이 요구되는 시점에 와 있다. 그래야만 모든 면에서 합의가 도출되고, 사회 또한 양극단으로 치닫지 않을 것이기 때문이다. 그렇지 않을 경우 독일의 주교회의는 결국 (낙태논쟁에서처럼) 패배자로 남을 수밖에 없을 것이다. 왜냐하면 네덜란드의 주교회의와 마찬가지로 독일의 주교회의는 여론뿐만 아니라 다른 기독교 교파의 후원, 심지어는 자기 교회 구성원들의 후원조차 상실한 상태[50]이기 때문이다. 그렇다면 최근 여론조사에서 인구의

50_ J. Backbier / J. Mourits, 제방은 무너졌는가? 네덜란드에서의 새로운 안락사 입법, in: 헤르더 통신Herder-Korrespondenz(1994) 3호, 125–129쪽 참조. 이미 1986년에는 네덜란드 양대 개혁교회(Hervormde교회와 Gereformeerde교회) 총회의 〈안락사와 목회Euthanasie und Pastoral〉 보고서에서는 자신의 삶을 끝내도록 하는 결정이 특정한 경우에는 허용될 수 있는 것으로 선언되었다.

83%가 도덕의 문제에서 오직 양심에 따를 것이며 단 1%만(!)이 교리에 따르겠다고 대답한 프랑스[51]에서처럼 독일에서도 그런 일이 생기는 것은 아닐까?

다행히도 오늘날 가톨릭의 도덕신학에서는 엄숙주의 관점이 점차 사라지면서 생명의 최대 연장이 아니라, 생물학적 삶보다 우위에 있는 인간적 가치의 구현이 최종적 가치평가의 척도여야만 한다는 것이 강조되고 있다. 이미 1980년에 튀빙겐의 가톨릭 신학자 알폰스 아우어는 인간생명의 처리 불가능("신과의 관련성")에 대한 전통신학의 확증이 "종래에는 입증되지 않았다"고 선언한 바 있었다.[52] 그러므로 인간의 자살은 (아울러 적극적 안락사 또한) "처음부터 절대적이고 결정적으로 비윤리적이라고 규정될 수는 없다." 문제는 "책임감 있는 최선의 숙고 과정에서만 결정될 수 있다"는 것이다. 아우어에 따르면 인간은 누구나 "그의 양심의 결정이 타인으로부터 존중받아야 할 권리를 가지고 있다. 개인적인 윤리적 결정들을 평가하는 것은 윤리적 성찰에 적절치 않다. 삶의 여러 분야에서 구속력을 가시화하고 의사소통의 형태로 가져오는 것이 윤리적 성찰의 과제이다."

이에 관하여 개신교의 윤리학자 J. 플레처와 H. 쿠이테르트, 가톨릭 신학자 P. 슈포르켄과 H. 홀데레거는 한층 더 명백한 견해를 밝혔

51_ 여론조사는 〈르 몽드Le Monde〉 및 기타 두 곳의 언론사 주재로 세 명의 주도적 종교사회학자인 G. Michelat, J. Stutter, J. Potel에 의해 실시되었다(1994년 5월 21일 〈르 몽드〉지에서 A. Woodrow의 포괄적 기사 참조).

52_ A. Auer, 신학적 관점에서 본 안락사의 문제들, in: Grundmann 외, 암투병 제2권, New York 1980, 137–145쪽 참조.

다.[53] 하지만 이미 1951년에 카를 바르트는 "모든 자살이 그 자체로 자기살해Selbstmord인 것은 아니다"라고 '자살'과 '자기살해'의 "모호한 측면"을 논하면서 다음과 같이 말한 바 있었다. "자살이 꼭 자기 생명의 탈취인 것만은 아니다. 자살의 의미와 의도는 인간에게 맡겨진 그의 생명의 양도Hingabe라는 특정한 형식, 그렇지만 가장 극단적인 양도의 형식일 수도 있다."[54]

이제 나는 오랫동안 "가치비교"를 거친 뒤에 명백히 신학적이고 기독교적으로 책임 있는 중용의 길을 대변하면서 정말 가슴 뿌듯한 느낌을 가진다. 여기서 중용의 길이란 책임감 없는 반종교적 자유주의("자살에 대한 무제한적 권리")와 동정심 없는 보수적 엄숙주의("하느님이 주신 것은 무조건 견뎌내야 한다는 것") 사이의 길을 의미한다. 나는 이 길을 관철해 나갈 것이데, 왜냐하면 나는 기독교인이자 신학자로서 다음과 같이 생각하기 때문이다. 즉, 인간에게 자유를 선사하고 그의 삶에 대한 책임을 요구하는 자애롭기 그지없는 **하느님은 바로 죽어가는 인간에게도 그의 죽음의 방식과 시점에 대한 책임과 양심의 결정을 위임하셨다.** 이에 대한 결정권을 타인이나 그밖에 의료처리의 결과에 넘겨줄 수 없다.[55] 국가와 교회, 신학자와 의사도 죽어가는 인간에게서

53_ J. Fletscher, 환자의 죽을 권리, in: A. B. Downing 편, 안락사와 죽을 권리, London 1969; H. M. Kuitert, 죽음에의 소망, Düsseldorf 1972; P. Sporken, 인간답게 죽는다는 것, Düsseldorf 1972; A. Holderegger, 죽어가는 사람들과의 교류, Düsseldorf 1975 참조.

54_ K. Barth, 교리론, 제3권, Zürich 1951, 467쪽.

55_ H. M. Kuitert, 죽음에의 소망, 앞의 책 69쪽 참조. "삶에 대한 권리와 죽음에 대한 권리는 자기결정의 핵심이다. 그것은 양도할 수 없는 권리로서 우리의 종말의 시기와 방법 자체를 결정할 자유를 포함하고 있다. 이 결정권을 타인이나 또는 의료처리의 결과에 넘겨줄 수 없다."

이 책임을 빼앗아 갈 수 없다.

이런 자기결정은 하느님에 거역하는 **불순한 저항의 행동이 아니다.** 하느님의 은총과 인간의 자유가 서로 배타적인 것이 아니듯이, 하느님의 예정과 인간의 자기결정 또한 서로 배타적인 것이 아니다. 이런 의미에서 자기결정이란 다른 사람들과 명확한 **차이를 나타내는 경계선**이다. 요컨대 그 누구도 다른 사람을 죽음으로 몰아가거나 강요해서는 안 되는 것처럼, 그 누구도 다른 사람을 더 오래 살도록 몰아가거나 강요해서는 안 된다. 고통의 종식인가 아닌가에 대한 임종환자의 결정보다 도대체 더 개인적인 결정이 있겠는가? 하느님이 모든 삶을 인간의 책임에 맡기신 것이라면, 이 책임은 삶의 마지막 단계에도 당연히 통용되는 것이다.

어떻게 죽을 것인가?

삶의 시간이 있는 것처럼 죽음의 시간 또한 있게 마련이다. 우리는 이 시간을 인위적으로, 경련을 일으키면서까지 연장하려고 해서는 안 된다. 삶의 덧없음을 설파하는 고린도 전서에는 다음과 같은 구절이 있다. "만물은 특정한 시간이 있고, 하늘 아래 모든 것은 때가 있나니, 날 때가 있고 죽을 때가 있다." [56] 참으로 진리의 말이 아닐 수 없다.

나는 이 책에서 마치 교사처럼 일방적으로 뭔가 가르치려는 것이

56_ 고린도 전서, 3장 1~2절.

아니라, 나의 개인적인 관점만을 분명히 하고자 했다. 나는 어떻게 하면 가열된 논쟁을 완화하고 이미 눈에 띄게 형성된 전선을 경직되지 않도록 할 것인가에 관해 숙고하면서 정당한 물음들을 제기하고자 했다. 그 이유는 무엇보다 나는 이렇게 진지한 물음을 놓고서 낙태 논쟁에서 그토록 흥분에 빠졌던 지난번처럼 정쟁 및 교회의 양극화를 이번만은 피해야겠다는 입장을 지니고 있기 때문이다. 우리가 논쟁을 다른 수준으로 높이기만 하면 가능할 것이다. 다른 수준이란?

이와 관련하여 나는 다음과 같은 결정적인 관점으로 되돌아갈 것이다. 즉, **죽음과 더불어 모든 것이 끝나는 것이 아니라고 나는 확신하기 때문에**, 나에게는 나의 생명의 무한한 연장이 그리 중요한 것이 못된다는 사실이다. ─ 더는 인간다운 품위를 유지하지 못한다면, 생명의 연장은 무의미하다. 다시 말해 나에게는 다른 삶, 새로운 삶이 결정되어 있다고 확신하기 때문에, 나는 기독교인으로서 나의 죽음에 관하여, 또한 나의 죽음의 방식과 시점에 관하여 결정권을 행사할 자유를 하느님으로부터 부여받았다고 보는 것이다. 물론 '품위 있는 죽음'에 대한 물음이 어떻게든 '적극적 안락사'의 물음으로 환원되어서는 안 된다. 그러나 이 물음이 적극적 안락사의 물음과 완전히 단절되어서도 안 된다. 품위 있는 죽음을 위해서는 죽음에 대한 책임이 뒤따르기 때문이다. ─ 이는 하느님에 대한 불신과 오만불손이 아니라, 자비롭고 영원히 은혜로우신 **하느님에 대한 확고부동한 신뢰**에 근거한다.

하느님을 신뢰하는 자는 동시에 죽음과 더불어 모든 것이 끝나는 것이 아니라는 것을 신뢰한다. 죽을 수밖에 없는 생명의 죽음은 오로지 "깊고 깊은 영원성"만이 허락할 수 있는 불멸의 빛 속에서 하느님의 영원한 생명으로의 초월을 맞이하게 될 것이다. 망자를 위한 옛 기도 문에도 나오듯이 "생명은 변할 뿐, 없어지지 아니한다Vita mutatur, non tolitur." 그러므로 이 죽을 수밖에 없는 생명이 얼마나 오래 지속될 것인 지에 대해 내가 과연 근심 걱정해야 하겠는가?

그런데 나는 다른 사람에 비하여 조금도 "더 안전하게" 살아가는 것이 아니다. 안전이란 죽음이라는 지엄한 사실 앞에서는 가장 부적절한 낱말이다. 자신의 죽음이 언제 어떻게 올 것인지 아는 사람은 아무도 없다. 누구나 최후에는 혼자서 자신만의 자기 고유의 죽음을 맞이한다. 결정적인 순간에 무슨 일이 일어날지, 고요하고 평온하게, 아니면 공포에 사로잡힌 채 불안과 고통에 떨고 절규하면서 죽게 될지 아무도 알지 못한다. 따라서 나는 나 자신이 아니라 예수 그리스도의 믿음 속에서 오로지 하느님의 용서와 은총만을 확신할 따름이다. 하느님에 대한 희망은 나의 죽음을 아무런 희망이 없을 때와는 다르게 하리라고 굳게 믿는다.

이제 이 모든 말이 궁극적으로 겨냥하는 것은 하느님에 대한 다른 자세에서 우러난 죽음에 대한 다른 자세, 요컨대 죽음에 대해 보다 명랑하고 인간다운 자세이다. 많은 사람이 우리 앞에서 이렇게 하고 세상을 떠났다. 그러므로 우리가 언젠가 온갖 의료기술들의 도움으로 유지됐고, 교회의 성사聖事들로부터 위로받아 온 인간 및 사물과의 그 모든 관계를 청산해야만 한다면, 이는 믿음을 가진 신자에게는 함께 했던 동포들과의 작별인 동시에 자신의 근거와 근원, 참다운 고향으로의 회귀 및 귀향을 의미한다.

이는 아마도 고통과 공포가 없는 침착한 헌신의 상태, 어쨌든 고난과 비탄, 괴로움과 절망도 없는 상태에서의 작별이다. 여기에는 오히려 희망에 찬 기다림, 잔잔한 확신, 종래에는 결정적으로 우리의 흔적으로 남아 있는 그 모든 선과 과실에 대해 **부끄럽지만, 하느님께 감사하는 마음**이 있게 될 것이다. 부끄럽지만 감사하는 마음으로 하느님을 우러르는 죽음은 내가 보기에 우리가 신뢰에 가득 차서 열망해도 좋은, 진실로 품위 있는 죽음인 것처럼 보였다.

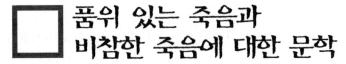

품위 있는 죽음과 비참한 죽음에 대한 문학

발터 옌스

"삶을 원하거든 죽음을 대비하라!"

　죽음, 품위 있는 종말에 대한 나의 숙고에 신뢰할 만한 출발점을 얻기 위하여 나는 유명한, 그러나 비유적 상으로 이루어진 흔치 않은 이야기, 마태복음의 한 단원을 분석함으로써 이 글을 시작할 것이다. 이 부분은 경건한 분위기를 자아내는 것이 아니라 마치 칠레의 산티아고나 마우트하우젠 나치수용소, 시베리아의 집단수용소 군락 또는 터키의 고문실에서나 벌어질 수 있는 무서운 수난의 시작을 알리려는 것처럼 보인다.

　"그러자 빌라도의 병사들이 이 남자를 총독 관저로 데리고 들어가 모든 부대를 그리로 모았다. 왜냐하면 그들은 그를 고문하려 했기 때문이다. 그들은 그의 옷을 벗기고 진홍색 외투를 걸치게 한 다음, 가시로 면류관을 엮어 그의 머리에 씌우고, 그의 오른손에 갈대를 쥐게 하였다. 그리고 그의 앞에 무릎을 꿇고 조롱하며 '안녕하시오, 유대인의 왕이여'라고 소리쳤다. 또한 그들은 그에게 침을 뱉고 갈대를 빼앗아 그의 머리를 치기 시작했다. 마침내 그들은 그를 조롱하고 나서 다시 외투를 벗기고 그의 본래의 옷을 입혔다. 그리고 그를 십자가에 못 박기 위하여 끌고 갔다."

만일 우리가 사형장으로 끌려가는 범인의 이름을 알지 못한다면, 우리는 이 성서의 장면을 아주 상세하고 비정하지만 바로 이 보고의 냉철함 때문에 오히려 감동을 주는 죽음에 대한 서술로 볼지도 모른다. 여기서 형리는 죽음을 앞둔 사람에게서 인간품위의 마지막 광채마저 탈취하려는 **잔인함의 극치**를 드러낸다.

나사렛 예수는 최후의 순간에 인간의 품위가 짓밟히는 것이 어떤 것인지를 생생하게 입증하였다. 죄도 없는 사람이 무수히 채찍질을 당했다. "채찍질", 단순한 말 같지만 징벌의 교묘한 수법이었다(우리는 아우슈비츠 이래로 계산되고 체계적인 고문의 수법을 잘 알고 있다). 예루살렘에서는 회초리와 막대기가 아니라 가죽 띠로 된 채찍이 사용되었는데, 거기에는 긴 가시와 날카로운 뼛조각, 납덩어리가 달렸다. 고문을 가한 병사들은 "우리가 적당히 주물러 드린 누더기 왕께서 우스꽝스러운 꼴을 하고 계시네"라고 비아냥거렸다.

당시에 고문을 가한 자들이 우쭐거리며 행한 조롱은 야비하기 그지없었다. 월계관이 아니라 가시면류관, 자주색 겉옷이 아니라 지저분한 헝겊 조각, 황금 지팡이가 아니라 몽둥이, 이런 것들이 바로 조롱당

하는 예수의 특징이었다. 게다가 머리와 다리, 어느 곳 가리지 않고 온
몸에 무수한 채찍질이 가해졌다.

당시에 로마법은 "채찍질의 최대한도"를 규정하지 않고 있었다.[57]
죽음의 전주곡처럼 진행되던 가면무도회의 유희에는 한계가 없었다.
장교들은 뭔가 기발한 착상을 떠올렸다. 왕관 대신에 가시면류관을 씌
우자는 제안은 전문가적이고 이지적인 발상이었다. ― 이는 평범한 사
병에게서 나온 것이 아니라, 배후 주모자들의 짓이었다. 이 교사자들
은 무릎을 꿇고 왕에 대한 예의를 흉내 내고는 경애의 키스 대신에 침
을 뱉어 모욕했을 때, 그것이 무슨 뜻인지를 잘 알고 있었다. 병사들은
번갈아가며 무릎을 꿇은 뒤 일어나서는 예수의 얼굴에 침을 뱉었다.
이와 관련하여 탁월한 성서학자들은 예수가 당시에 서 있었던 것이 아
니라 앉아 있었다고 추정한다. 그러니까 바보가 되어 버린 "왕은 옥좌
에 앉아서 신하들의 알현을 받았던 것이다."[58] **이 사람을 보라**ecce
homo! **자, 이 가시면류관을 쓴 가련한 몰골을 보라!**

빌라도는 이렇게 가혹행위를 연출함으로써 동정심을 유발하려고
했을까? 채찍질이 결국은 범죄자를 구출하기 위한 수단이었을까? 장
교들이 포악한 병사를 도구로 사용했듯이 총독도 마찬가지로 장교들
을 이용했던 것일까? 살아 있는 증거인 성서는 성급한 대답보다는 오
히려 물음을 제기하면서 한 줄 한 줄 읽어나가는 사람들의 환상을 불
러일으킨다. 문헌은 독자들로 하여금 품위 있는 죽음의 원형을 곱씹어

57_ J. Blinzer, 예수의 소송절차, Regensburg 1969, 321쪽 이하.
58_ 같은 책, 327쪽.

보도록 이끄는 한편, 여기에 기술된 사건을 잠시 고난의 과정을 넘어선 사람들의 전망, 희생자의 관점에서 관찰하도록 압박한다. 두 팔이 횡목에 묶인 채 십자가를 짊어지고 언덕으로 올라가 모여 있던 병사들에 의해 팔다리를 못 박히는 최후의 순간, 당사자는 과연 어떤 느낌이었을까?[59]

우리가 수난기를 면밀하게 읽으면 읽을수록, 수난의 과정은 점점 더 뚜렷한 생동감을 얻게 된다. 그렇다, 이 수난자는 십자가의 무게에 짓눌려 쓰러지고 또 쓰러졌다. 횡목은 그에게 너무 무거웠고, 세로 버팀목은 이미 종말을 알리고 있었다. 가로와 세로로 겹쳐진 횡목과 중앙의 통나무는 사형수로 하여금 수치심을 일으키도록 고안되어 있었다. 십자가 역시 사형수를 우롱하려는 배후 주모자들의 교묘한 궁리에 의한 것이었다. 여기에는 인간의 생리적 체질과 영혼의 관계가 꼼꼼히 계산되어 있었다.

유대인 예수는 단순히 사망한 것이 아니라, 불분명한 최후의 절규를 지르며 비참하게 세상을 하직했다. 시편 22편에도 수난자가 겪은 괴로움이 다음과 같이 표현되어 있다. "나는 사람들의 조롱거리가 되고, 백성들에게 멸시를 당했다. 나는 물같이 쏟아지고, 내 모든 뼈가 마디마디 부서졌으며, 내 마음은 밀랍같이 되어 내 속 깊은 곳에서 녹았도다. 내 힘은 질그릇 조각처럼 메말라 버리고, 내 혀가 잇몸에 붙었는데, 당신은 나를 죽음의 먼지 속에 두십니다. 개들이 나를 둘러싸고,

---

59_ 같은 책, 357쪽 이하 몇 쪽 참조(W. Jens, 십자가에서의 최후의 일곱 마디, in: Zeichen des Kreuzes, Stuttgart 1994, 11쪽 이하 참조).

악의 무리들이 나의 손과 발을 파묻었습니다. 나는 내 모든 뼈를 셀 수 있는데, 그들이 나를 바라보며 내 옷을 가지려고 합니다. … 하느님, 나의 하느님, 왜 나를 버리셨습니까!'

예수의 수난기는 희망과 공포로 점철된 한 인간의 마지막 행동을 기록하고 있다. 공포로 말미암아 주의 예언자는 고독에 빠진 채 평생 도피의 삶을 살았고, 이런 그였기에 기적을 목도한 증인들은 침묵을 지키도록 명을 받았다. "보라, 아무도 그것을 경험하지 못하리라! 내가 너희에게 말하는 것을 공공연히 행하지 마라! 동이 트기 전에 떠나도록 하자! 다시 어두워지면 나는 돌아올 것이다!"

불굴의 의지와 열광, 당당한 영웅의 죽음이 아니라 저 공포가 누가의 겟세마네 보고에서 비참한 죽음의 윤곽을 표출하고 있다. —마태복음에서처럼 단순하지만 그렇기에 감동적이다. "그리고 그는 죽음의 공포에 싸여 기도하고 울었다. 그에게서 피에 젖은 굵은 땀방울이 바닥으로 떨어져 내렸다."

그러므로 이처럼 공포에 싸여 맞이하는 죽음은 존엄성이라고는 조금도 없는 비참한 죽음, 너무나 측은한 종말이 아닐 수 없다. 에버하르트 융겔은 그의 논문집 〈죽음Tod〉에서 다음과 같이 예수의 죽음에 관해 서술하고 있다. "예수는 절규하면서 죽었을 개연성이 매우 높다. 그가 절망에 가득 차 죽음을 당했다는 것은 배제할 수 없다. 예수의 무자비한 죽음이 그의 포고행위와 거동에서 비롯된 자명한 결과이고, 그 자신도 그것을 고려해야 했다면, 이 가능성 또한 진지하게 받아들여질 수밖에 없다. 우리는 아무튼 십자가에 달린 예수를 영웅처럼 당당하게 죽는 모습으로 상상해서는 안 된다. 역사적 예수에 관하여 냉정하게 평가한다면 소크라테스가 죽음을 맞이하여 보여주었던 침착함, 심지어 명랑함은 예수에게 적용될 수 없다."[60]

무자비한 죽음: 헥토르

예전부터 비참한 죽음을 언제나 유별나게 기술하고 싶어 하는 사람들은 작가들이었다(예전에 복음서의 저자들 역시 그런 사람으로 인정받기를 원했다). 세상 어디서나 일어나는 죽음에 대한 **최초의 문학적 기술**은 어느 정도 이런 면을 보여준다. 이를테면《일리아스》제22권에서 올림포스의 제신들과 죽음에 처한 장군 헥토르에 대한 호머의 묘사가 바로 그러하다. 헥토르는 이렇게 부르짖는다. "아, 나를 이제 신들이 죽음으로 불러들였도다!"

복음서 저자들 이전에 인간의 종말, 무가치하고 처참한 인간의 죽음을 트로이 전쟁의 묘사만큼 잔인함과 자비의 변증법 속에서 정확하고 신중하게 기술한 것은 없었다. 고향 집에 매장해 달라는 헥토르의 간절한 요청은 아무 소용이 없었다. 승리자에게 자비를 호소해 보아도 소용이 없었다. 동정심과 인간애를 잃지 말아 달라는 요청에 대하여 오히려 아킬레우스의 무자비한 대답만이 들려온다. "아, 내 가슴 속에서 주체할 수 없이 분노가 솟구친다. 너의 오만불손의 대가로 네 살을

60_ Eberhard Jüngel, 죽음, Stuttgart 1973, 133쪽.

잘게 썰어 먹고 싶도다! 개들을 풀어 네 몸을 물어뜯게 할 것이며, 독수리로 하여금 네 살을 파먹도록 하리라!"[61]

이어서 아킬레우스의 병사들은 죽은 자의 살을 만지고 시체를 창으로 찌르는 것도 꺼리지 않는다. 시체가 여기저기 옮겨 다닐 때, 집에서는 헥토르의 아내인 안드로마케가 비탄에 잠겨 있다(아들 아스티아낙스 역시 몇 주 뒤에는 살해당한다). 실로 이런 장면은 지옥이나 다를 바 없다! 그럼에도 죽은 자의 훼손은 계속된다. 복수심에 불타는 아킬레우스는 "헥토르의 발꿈치와 복사뼈 사이를 꿰뚫어 황소 가죽 끈으로 묶은 뒤, 시체를 끌고 다니기 위해 그 끈을 마차에 연결했다. 그는 마차에 올라타 빼앗은 투구를 부착하고는, 채찍으로 말 잔등을 후려갈겼다. … 시체에서는 먼지가 자욱하게 일었다."[62]

헥토르와 나사렛 예수, 호머와 복음서 저자들이 기술한 죽음을 회고하면서 상이한 색채의 원전들을 서로 접근시켜보면, 우리는 여기서 일치점이 나타나는 것을 볼 수 있다. — 특히 〈오디세이아〉에 나오는 죽음의 장면과 구약성서를 비교해 보면, 아킬레우스와 사무엘뿐만 아니라, 죽은 자들을 불러들이는 오디세우스와 사울 및 야곱의 태도는 서로 유사한 면을 보여준다. 바로 이 친근한, 적어도 암시적인 상호관계는 어떤 식으로든 문학이 전쟁, 처형, 순교 등을 통하여 영광스런 죽음 또는 비참한 죽음을 기술했다는 것, 수세기를 뛰어넘어 상궤를 벗어난 것(신과 인간을 감동하게 하는 죽음)을 상과 비유로서 표현해왔다는

61_ 일리아스 제22권, 369쪽 이하.
62_ 일리아스 제22권, 390쪽 이하.

것을 분명하게 보여주고 있다. 그럼에도 오랜 질환과 엄청난 고통 이후에 찾아오는 우리들 일상의 죽음, 자비롭거나 품위 있는 죽음은 어떻게 기술될 것인가?

일상의 죽음: 악커만의 부인

적어도 15세기 초에 자신의 가장 사랑하던 아내를 빼앗아 갔다는 이유로 '죽음'을 신의 법정에 세워서 징벌하여 달라고 요구하는 악커만Zckermann의 고소문이 존재한다. "그녀는 내가 가장 사랑하는 아내였다. 죽음이여, 그대가 나의 기쁨의 원천인 그녀를 앗아갔다. 나의 평화의 방패인 그녀는 불행하게도 저세상으로 떠났다. […] 저세상으로 떠난 것이다, 저 세상.

… 나의 가벼운 별이 하늘에서 사라졌다. 나의 성스러운 태양이 지고 다시는 떠오르지 않는다. 빛을 발하는 샛별도 떠오르지 않는다. 그 빛은 희미하게 가물거릴 따름이다. 고통을 없애줄 어떤 것도 내게는 없다. 깜깜한 밤만이 사방에 펼쳐져 있다. 기쁨을 내게 다시 가져올 수 있을 어떤 것이라도 있을까 하고 나는 미련을 갖지 않는다. 왜냐하면 내 기쁨의 도도한 깃발이 이제는 슬픔이 되어 가라앉아 버렸기 때문이다."[63]

아내를 떠나보낸 홀아비의 외로움과 불안, 그의 고독을 이보다 더 감동적으로 기술한 것이 있었을까? 신랑과 신부, 사랑하는 남자와 여

63_ 뵈멘 출신의 악커만, 죽음에 대한 논박 및 위로의 대화, Felix Genzmer 번역, Stuttgart 1963.

인, 이들 가운데 하나가 언젠가는 상대방의 무덤에 서게 되고, 텅 빈 것 같은 집으로 쓸쓸하게 돌아와 옷가지와 필기도구, 안경 등의 유품을 보면서 더는 반려자가 존재하지 않는다는 사실을 깨닫게 되는 사람의 참담함은 어떤 것일까? 여기에는 외투, 저기에는 이미 무효가 되어 버린 예방접종 확인서가, 또 여기에는 오래된 계산서, 저기에는 서류가방과 연필로 표시된 책이 있다면, 그의 기분은 어떨까? 정말 이런 것들은 중요했었고, 뭔가 의미 있는 것들이었다. 하지만 이 유품들의 주인은 다시는 돌아오지 못하는 것이다!

　나는 나의 오랜 친구 볼프강 힐데스하이머가 그의 부친이 사망한 뒤 다음과 같이 내게 말했던 순간을 결코 잊을 수 없을 것이다. "만약 나의 아내가 나보다 먼저 죽는다면, 장례식은 견딜 수 있지만, 물감의 흔적이 역력히 남아 있는 브러시, 아내가 마지막 그림에 사용한 붉은색깔을 보는 것은 정말 견딜 수 없을 걸세!" 하지만 볼프강 힐데스하이머는 그의 아내보다 먼저 세상을 떠났고, 따라서 아내의 유품들을 보면서 겪어야 할 뼈저린 고독의 아픔은 면한 셈이었다. 자신보다 연하인 아내가 자신보다 더 오래 살기를 바라는 남편의 염원이 이루어진 것이다. 그는 나에게 이렇게 말한 적도 있었다. "내 아내가 나보다 오래 살리라는 것은 통계가 보증한다네. 게다가 그녀는 나보다 강인해서 자신의 앞날을 잘 꾸려나갈 걸세."

　미망인의 우울한 심정에 관해 언급하는 것은 주제에서 벗어나는 것인지 모르겠다. 그러나 유족이란 말은 얼마나 끔찍한 낱말인가? 아무튼, 죽음과 관련하여 신에게까지 슬픔을 호소하는 악커만의 탄원은 존엄과 고통의 경계에 있는 죽음이 그 이후로도 이제까지 수백 년간 문학의 주제가 되고 있다는 것을 시사한다.

그러나 죽음은 훨씬 앞서 2,000여 년 전에 에우리피데스의 극에서 비탄에 빠진 아드메토스Admetos 왕의 관점으로도 기술된 바 있었다. 아드메토스 왕은 자신을 살리기 위해 스스로 죽음의 신 타나토스에게 끌려가는 아내 알케스티스Alkestis 때문에 비탄에 빠진다. 그럼에도 이 극에서 최후의 작별은 끔찍한 것과는 매우 다른 양상, 차분한 양상을 보인다.

차분한 종말? 알케스티스의 경우

차분한 종말이란 어떤 것인지, 이를 입증하기 위하여 에우리피데스의 극 중 인물 알케스티스를 증인으로 불러들이고자 한다. 다음의 인용문은 알케스티스가 죽음을 맞이하는 장면에 대한 서술이다.

"미르테 나뭇가지에서 왕비는 나뭇잎을 따면서 울거나 흐느끼지도 않았다. 죽음이 임박했건만 그녀의 꽃처럼 아름다운 얼굴은 변하지 않았다. 이윽고 그녀는 침실로 서둘러 들어가 침대에 몸을 눕혔다. […] 아이들이 왕비의 옷을 붙들고 큰 소리로 울었다. 그녀는 두 아이를 품 안에 껴안고 번갈아가며 아이들에게 키스했다. 마침내 헤어져야 할 시간이 되었기 때문이었다. 궁정의 시녀들은 모두가 따라 울었고, 왕비는 슬픔에 잠겨 있었다. 모두가 왕비에게 최후의 손길을 건네었다."[64]

64_ Euripides, 알케스티스, 172행 이하.

이는 물론 인간적 품위를 잃지 않고 조용히 헤어지는 차분한 종말의 장면이다. 그러나 여기에는 죽음의 분위기를 장엄하게 표현하려는 작가의 의도가 깔렸다. 이와 같은 분위기 속에서 서술의 독특함이 우리에게 깊은 감동을 주는데, 〈알케스티스〉에 나오는 이별의 장면은 에우리피데스 극들에 자주 등장하는 전형적인 장면에 속한다.

남편을 대신하여 자신을 희생하려는 여자는 죽음을 향해 다가가면서 과연 어떤 생각을 하고 있었을까? 오늘날 죽음을 앞두고 이처럼 차분한 태도를 보이는 사람은 거의 없을 것이다. 오늘날 죽음에 직면한 사람들은 대부분 차분한 것과는 반대로 온갖 걱정과 우려에 휩싸여 있다. 태양이 지고 저녁바람이 불어오면 죽음이 찾아오는 것은 아닐까? 내일 또는 몇 달 안에? 이렇게 죽으면 아직 덜 자란 아이들은 어떻게 하나? 이런 식으로 그들은 불안과 심지어 공포에 사로잡힌다.

그리스의 극에서 이런 모습은 나타나지 않는다. 알케스티스가 바로 그 좋은 예인데, 그녀의 용감한 태도에 감동한 헤라클레스가 그녀를 죽음의 왕국에서 구원하여 그녀의 아이들과 남편에게 데려다 준다. 하계에서 돌아온 알케스티스는 그녀의 남편을 어떤 눈으로 바라보았을까? 친근하게, 아니면 죽을 용기가 없어서 벽난로 뒤로 몸을 숨기는 겁쟁이로 보았을까?

아드메토스 왕과 알케스티스는 그야말로 먼 옛날의 부부였기에 이에 관해서는 더는 말할 필요가 없을 것이다. 다시 언급하지만 에우리피데스의 경우뿐만 아니라, 그 후계자들의 극에서도 죽음에 대해 두려워 떠는 모습은 거의 나타나지 않는다. 그 이유는 무엇일까? 아마도 알케스티스가 매우 용감했기 때문이 아닐까?

사랑하는 아내 에우리디케를 지옥에서 구하려 한 오르페우스의 행동 또한 알케스티스만큼이나 영웅적이다. 오르페우스는 글루크Gluck의 오페라 〈오르페우스와 에우리디케〉에서 거세된 가수인 카스트라토에 의하여 노래가 되었다. 파리넬리와 카파렐리는 18세기 카스트라토의 가장 대표적인 오페라 가수들이었다. 오르페우스처럼 지옥에 들어가야만 하는 오페라의 주인공들은 3옥타브의 높은 음역을 지닌 노래를 불렀다.

서서히 진행되는 죽음: 이반 일리치의 경우

가련한 문학, 결론이 도출되는 것처럼 보인다. 다시 말해 문학은 '품위 있는 죽음' 아니면 반대로 '비참한 죽음'을 모범적으로 기술해야만 하는 일종의 특수한 삶의 보조역할로서 가장 절실하게 필요해지는 순간에 그 역할을 거부한다.

그러나 이 결론은 성급하다. 수백 년 이래로 우리는 소설, 드라마, 시를 통한 가르침 덕분에 죽음이 인간에게 어떤 의미를 지니는지 적어도 깨닫게 되었다. 문학가들은 의학적 경험 뒤에 남아 있는 죽음의 분석들 또는 시적이고 낭만적 분위기로 채색된 고통, 예컨대 19세기에 순수문학의 중요한 수단의 역할을 담당하던 폐결핵의 신격화를 극복하기 위하여 암이라는 병의 형태에 서서히 접근할 필요가 있었다. 폐결핵과 관련된 작품들로는 대표적으로 〈라트라비아타〉, 그 이후로 게르하르트 하우푸트만의 〈한넬레의 승천〉이 있었으며, 이후 토마스 만의 장편소설 『마법의 산』이 다보스 요양소에서 폐결핵으로 사망하는 요아힘 침센을 다룬 바 있었다.

14세기 이래로 조형예술에 페스트가 나타났다면(해골 모습의 낫을 든 죽음의 신이 대표적 형상이었다), 문학에서는 암의 발병이 자주 등장하게 된다. 하지만 처음에는 환자가 암에 걸려 죽는 것인지도 모르고, 암의 이름조차 알려지지 않았다. 폐결핵이 지배적이었던 시기의 끝 무렵에 와서야 이미 히포크라테스의 시대에 "악취 나는 것"으로 기술되었던 질병이 시야에 들어오면서 그것은 현대적 수술기술 덕분에 복강 속에서 도려내질 수 있었고, 문학자들은 너도나도 이 질병을 묘사하려고 덤벼들었다.

이러는 사이에 러시아의 문호 톨스토이는 가치 있든 무가치하든 죽음의 흔적을 추적하여 〈주인과 하인〉, 〈세 죽음〉, 특히 걸출한 〈이반 일리치의 죽음〉이라는 소설을 완성한다. 이 소설들은 다음과 같이 요약될 수 있다. 첫째, 자연과 일치하는 선한 삶이 친착한 종말을 보증한다. 둘째, 교만하고 때로는 허위적인 기독교 신앙에 의해 결정된 실존이 인간을 가련하게 죽음에 빠트린다. 셋째, 그럼에도 이런 잘못된 실존이 만들어낸 모든 것이 죽음의 순간에는 철회된다. 예컨대 폭설 속에서 농장주인은 하인을 자신의 체열로 포옹하여 그에게 생명을 선사한다.

그렇다면 1896년에 출간된 이반 일리치를 주인공으로 하는 톨스토이의 소설은 죽음에 관해서도 신학과 의학보다 절대 손색이 없고 뒤

떨어지지 않는 작품이다. 품위 있는 죽음과 비참한 죽음에 대해 깊이 성찰하는 사람은 이반 일리치의 죽음에 대해 곱씹어보지 않을 수 없을 것이다. 톨스토이는 주인공 이반의 죽음을 우선은 외부에서 살아 있는 자의 시각에서 관찰한 뒤, 결국은 극적 표현의 도움으로 불치병 환자에게 다가오는 **서서한 죽음의 접근**을 서술한다.

서두에 이반 일리치의 장례식 장면이 나타난다. 처음에는 누가 그의 뒤를 이어 법무관 자리를 차지하게 될 것인가, 누가 기회가 있을까 등의 관점에 따라 동료의 죽음을 살피는 관리들의 웅성거림이 묘사된다. 이어서 장례식장의 좁은 통로에서 카드놀이를 하는 장면이 뒤따른다. 조문객 가운데 한 사람이 이렇게 말한다. "하인이 4개의 환한 양초를 테이블에 올려놓으면, 세상에 그 무엇도 오늘 저녁에 내가 새 카드 팩을 뜯어서 카드를 기분 좋게 탁 치는 것을 막을 수는 없을 것이다."[65]

주제와 문체의 일치를 요구하는 시적–수사학적 중심명령을 결정적으로 거부하는 가운데, 그리고 문학적 일체성을 결정적으로 거부하는 가운데, 톨스토이는 조문객 장면을 코미디의 방식으로 연출하려는 모험을 시도한다(그러나 죽음은 잠복한 채 희극적인 모습을 보려고 하지 않는다). 다음과 같이 망자를 보내는 작별의 장면은 매우 희극적이지만, 이 때문에 오히려 그로테스크한 분위기를 조성한다.

"그들은 램프가 걸려 있는 응접실로 걸어 들어갔다. 미망인 프라스코비아 페오도로브나는 테이블 근처의 소파에, 피터 이바노비치는

65_ L. Tolstoj, 이반 일리치의 죽음, Leipzig 10쪽.

쿠션이 있는 나지막하고 푸른 안락의자에 다가가 앉았다. 프라스코비아는 피터를 제지하고 자신이 안락의자에 앉으려고 했으나, 지금의 상황에서는 그것이 부적절하다고 생각했다. … 미망인이 테이블을 지나 소파로 가려고 했을 때(응접실에는 물건들이 가득 들어차 있었다), 그녀의 면사포가 테이블의 조각장식에 걸리고 말았다. 면사포를 떼어내려고 피터 이바노비치가 자리에서 일어섰다. 그러자 무게에 눌려 있던 쿠션이 위로 튀어 오르며 그를 옆으로 밀쳤다. 이번에는 미망인 자신이 그것을 떼어내려고 시도하고 있었는데, 이때 한 번 더 쿠션이 가볍게 튀어 올랐다. 마침내 사태가 진정되었고, 미망인은 하얀 손수건을 꺼내며 울기 시작했다." [66]

다른 한편으로 작품 여기저기서 **죽음의 춤**이 어른거린다. 이는 출세만을 지향하던 이반 일리치의 삶을 그만큼 더 현저하게 부각한다. 이제 외로운 죽음의 재판은 톨스토이에 의하여 죽음의 원형적 의미를 얻는다. 다시 말해 의사란 불치병 환자를 진단하고 이어서 결론을 말히고는, 환자를 냉정하게 방치하는 자이다. 바로 이런 실례가 톨스토이의 작품에서 묘사되는 것이다. "의사는 명쾌하게 요약하여 이반 일리치의 병세가 나쁘다고 결론을 내렸다. 그의 병세가 나쁜 것이 의사와 다른 사람들에게는 정말 아무 것도 아닐지 모르지만, 정작 그에게는 심각한 일이었다." [67]

66_ 같은 책, 11쪽.
67_ 같은 책, 41쪽.

구체적 죽음: J. T. 말론, 필립 로트

다음 사례는 〈이반 일리치의 죽음〉이 나온 지 70년이 지나서 발표된 카슨 매컬러스의 소설 『바늘 없는 시계Uhr ohne Zeiger』에 나오는 죽음의 보고에 관한 것이다. 작가는 백혈병으로 사망하는 말론이라는 약사의 마지막 몇 달을 기술하고 있다. 말론은 소설의 첫머리에서 자신을 진료한 그의 친구 하이든 박사를 찾아간다. "의사는 창백하고 근심 어린 얼굴로 그를 제대로 바라보지도 못했다. […] 그는 한동안 아무 말 없이 책상에 앉아서 종이 자르는 칼을 만지작거리고 있다가, 우두커니 그것을 바라보더니 다른 손으로 옮겨 잡았다. 말론은 이 기이한 침묵을 경고로서 느꼈다. 말론은 침묵의 상태를 더 참을 수 없어서 버럭 소리를 질렀다. '소견서가 저기 있는데, 대체 뭐가 더 필요한 거야?' 의사는 말론의 걱정스러운 눈빛을 피하여 창밖을 내다보다가 이윽고 말문을 열었다. '우리가 자네의 모든 상태를 자세히 검사해 보았네. 혈액 세포에 이상이 있는 것 같다네.'"[68]

두 페이지가 더 지나서야 비로소 감추어졌던 병의 실체가 밝혀진다. 의사는 말론에게 "단적으로 말해 우리는 백혈병으로 판단하고 있다네"라고 말한다.

또 하나의 사례는 1991년에 출간된 『아들로서의 나의 삶Mein Leben als Sohn』에서 필립 로트Philip Roth의 서술을 꼽을 수 있는데, 화자인 아들

68_ Carson Maccullers, 바늘 없는 시계(Clock without hands), Zürich 9쪽 이하.

은 의사의 역할을 대행하면서 뇌종양에 걸린 86세의 아버지에 관하여 의학적 지식을 꼼꼼하고 자상하게 서술하게 되어 있다. "나는 그때 외로움을 느꼈고, 그래서 눈물을 흘렸다. 내가 아버지의 뇌에 관한 촬영사진을 보았을 때처럼 그렇게 울컥하는 기분이 든 적이 한 번도 없었다. 내가 즉각 뇌에 파고든 종양을 식별할 수 있었기 때문이 아니라, 그보다는 오히려 내가 본 사진이 바로 아버지로 하여금 그 어느 때보다 단순하게 사고하게 하고, 감정적으로 논의하고 충동적으로 결정하게 한 뇌였기 때문이었다. [⋯] 그것은 아버지가 전능했을 때에는 우리의 운명을 돌려놓았던 조직으로서, 지금은 커다란 종양 덩어리 때문에 압착되고 압박을 받아 파괴되어 있었다. [⋯] 나는 방사선과 의사의 보고를 듣고 두부 동맥이 종양에 의해 폐쇄되어 있다는 것을 알 수 있었다. 그것은 내가 보기에 사망선고와도 같은 것을 의미하고 있었다."[69]

필립 로트의 뇌에 관한 묘사는 의심할 바 없이 죽음의 종양이 몸속에서 점점 커지고 있다고 느끼면서 갈수록 외로움을 의식하는 이반 일리치에 대한 보고와는 아주 거리가 멀 정도로 의학적으로 진전되어 있다. 톨스토이의 작품에서 이반 일리치는 모든 주변 사람들에게서 (충실한 하인 게라심만을 제외하고) 상실감을 갖게 되며, 결국 희망의 마지막 방울마저 절망의 바다에서 고갈된 뒤로는 깊은 나락에 빠져든다. 그러나 이반은 자신의 비참한 죽음이 실은 고루하고 비속한 삶에서 연

69_ P. Roth, 아들로서의 나의 삶. 실제의 이야기, München Wien 1992, 12쪽 이하.

원하는 것임을 인식하면서 갑자기 "바로 그래!, 이 순간이 얼마나 행복한가!"라고 외친다. 사멸의 순간이 동시에 구원의 순간이라는 것을 그는 깨닫는 것이다.

다시 말하지만 문학에서 죽음의 서술은 지난 몇 세기 사이에 점점 더 상세하고 구체적인 동시에, 무엇보다 과학적이 되어 버렸다. 이 기간에 문학이 죽음에 대한 분석을 더는 꺼리지 않았을 때, 이미 결정적인 변화가 일어난 것은 틀림없는 사실이다. 인간 생명의 영역에서 결정적인 사건들은 뇌와 관련하여 일어나고 있다(게오르크 하임Georg Heym의 단편소설 〈해부Die Sektion〉만을 생각해 보아도 그렇다).

요컨대 의학과의 관계에서도 나타나듯이 문학이 천 년 동안이나 칸트의 표현처럼 진리의 옷자락을 붙잡는 훈련이었다면, 이 몇 세기 사이에 그것은 역전되었다. 엘리자베스 퀴블러-로스가 의사로서 죽음의 단계를 자기 확신에 의하여 면밀하게 파악하려고 한다면, 톨스토이에서 필립 로트, 솔제니친의 〈암 병동〉에서 페터 한트케의 "어머니의 자살에 대한 서술"에 이르는 문학은 그 어떤 병에 대한 기록도 도저히 표현할 수 없는 인간적 죽음의 특수성을 구체화하고 있다. 카슨 매컬러스의 소설 『바늘 없는 시계』의 서두를 보게 되면 "죽음은 늘 같은 모습이지만, 사람은 누구나 자신만의 죽음을 맞이한다"[70]라는 말이 나온다. 톨스토이, 카슨 매컬러스, 필립 로트가 쓴 세 권의 책들은 이런 면을 정형적으로 보여주고 있다. 나에게는 이 책들이 개인적인 것

70_ C. Mccullers, 앞의 책, 7쪽.

을 문학의 이질화 효과를 통하여 신뢰성의 차원으로 높이고 있기 때문에 의미가 있다고 생각된다.

자신의 죽음에 대한 서술: 페터 놀

솔직히 말해 나는 어느 작가가 일찍이 자신의 죽음을 그토록 진실하게 기술할 수 있으리라고는 오랫동안 살아오면서 믿지 않았다. 그런데 메시나 해협을 지키는 두 괴물 스킬라와 카리브디스 사이에 중간 통행로가 있을 수 있다니 참으로 놀라웠다. 한편으로는 알려져서는 안 되는 가장 사적인 것을 드러내고, 다른 한편으로는 엄밀하게 거리를 지킴으로써, 다가올 죽음에 대한 체험은 고백과 냉정한 서술의 경계에서 설득력을 얻고 있었다. 아니, 나는 페터 놀의 〈죽음 및 사망에 대한 구술〉을 읽기 전까지는 그런 주관적 고백과 객관적 서술의 종합을 가능한 것으로 여기지 않았다.

형법학지이지 시인, 신학에도 해박하여 〈예수와 법〉이라는 논문을 쓴 페터 놀은 어느 날 의료검사를 받은 뒤 방광암에 걸렸다는 사실을 알게 된다. 의사와의 대화는 문학적 전형을 보여주고 있는데, 그것은 지면을 넘길수록 더욱 납득할 만한 근거를 획득한다. "나는 죽고 싶은 것이지, 죽음을 당하고 싶은 것이 아니다. [⋯] 단지 외과 및 비뇨기과, 방사선과의 기계만이 문제가 되는 것이 아니다. 내가 차츰차츰 자유를 상실해 가고 있다는 것이 문제인 것이다. 순식간에 희망이 줄어들면서 나의 의지도 깨어지고 있다. 결국, 나는 그 기계를 피해 누구나 알고 있는 임종의 방에 도달할 것이다. 저 묘지의 대기실에."

한 남자가 최후를 앞두고 상당히 말을 많이 하지만, 태도만은 침착하다. 그는 취리히 대성당에서 낭독될 죽음의 연설을 계획하면서 〈그렇다면 무슨 말을 해야 하는가〉라는 논제를 가지고 극작가 막스 프리쉬Max Frisch와 토의한다. 그는 아주 냉정하게 구약의 예언자들에 대해 이야기한다. 짧게 말해 그가 하려는 것은 대화의 상대자들을 만나 그들로부터 이승과 저승 사이에서 '품위 있는 죽음'이 얼마나 특별한 일인가를 배우려는 것이다.

"만날 수만 있다면, 나는 소크라테스와 만나서 이야기를 나눈다면 가장 즐거울 것이다. 그는 내가 좋아하는 특성을 고루 갖추었다. 소크라테스는 용기 있고, 현명하고, 지혜롭고, 너그러운 사람이다. 다만, 그는 권력과 야합하는 어리석음에 대해서만은 가차없다." 다음의 문장들이 더욱 핵심적인 부분이다. "두뇌는 신을 생각한다. 이 말이 신이 존재해야만 한다는 것을 뜻하는 것은 아니다. 그러나 신에 대한 물음은 불가피하며, 경험적 실증은 불충분하다는 것을 필연적으로 의미한다. 이미 파스칼은 무한히 작은 것과 무한히 큰 것이 바로 소우주와 대우주라는 것을 알고 있었다. […] 사유한다는 것은 근원 없이는 아무것도 아니다. 그리고 인간의 두뇌는 결국 이 근원에서 유래한 하나의 창조물이다. 이 두뇌는 생각할 수 없는 것이 존재한다는 사실을 상정할 수 있다."[71]

71_ P. Noll, 죽음 및 사망에 대한 구술. 막스 프리쉬의 죽음의 연설, München 1987, 65쪽.

페터 놀의 책에서는 한 사람이 그가 제시하고 두려워하는 죽음에 대하여 묵묵히 글을 받아 적는다. 왜냐하면 자신의 책을 더 이상 지배하지 못하는 배우처럼 그가 친구들에게 제시하는 최후의 모습은 자신의 것이 아니라 낯선 것이기 때문이다. 여기서 "무슨 이유로 짐승은 안락사가 허용되면서 인간은 안 되는가?"[72]라는 물음은 해명 없이 남아 있다. 하지만 거대한 무無의 심연과 최종적인 "의미의 오아시스"(페터 놀의 핵심적 언어) 사이에 다리가 설치된다. — 유감스럽게도 그것은 부서지기 십상이다.

저승에는 '의미의 오아시스'(놀의 키워드)라는 것이 존재하는 것일까? 그것을 생각하는 것이 과연 가능한가? 그것은 신과 의미 사이의 결합을 유지해 주는 유일한 지대인바, 만일 그것이 없다면 죽음이란 도대체가 너무 허망하지 않은가? 의문이 꼬리를 물고 한 남자로부터 계속 제기된다. 그는 최후의 순간에 글을 써서 세상과의 마지막 관계를 유지하려고 시도하는데, 이는 글쓰기를 죽음에 대한 공포를 극복하려는 행위와 동일시한 카뮈와 매우 유사하다.

암에 걸려 죽어가면서도 자신의 일기와 서한을 책으로 낸 막시 반더의 경우도 매우 흥미롭다. 막시는 1977년 8월 6일 다음과 같이 친구인 여성작가 크리스타 볼프Christa Wolf에게 편지를 보냈다. "크리스타, 나는 오래전부터 완전히 오판할 위험을 무릅쓰고 너에게 꼭 말하려고 했었지. 언제, 어떤 상황에서든 글을 써서 그것을 극복할 수 있는 것일

72_ 같은 책, 63쪽.

까? 가끔은 달리 살기 위하여, 요컨대 단순하게 살기 위하여 책상 서랍을 잠가버리거나 심지어는 책들마저 치워버리고, 마음을 비운 채 바닥에 누워서 귀를 기울이며 자기 자신의 내부에 침잠하는 것도 괜찮지 않을까? […] 나는 전혀 믿을 수가 없어. 네가 사물들에 대해 글을 쓸 때에만 존립한다는 것을."[73]

페터 놀은 막시 반더가 죽기 3개월 전쯤에는 분명히 이 글들을 읽어보았을 것이다. 페터는 막시처럼 암에 걸려 죽어가는 사람으로서 그녀와 동일한 견해를 가지고 있었을 것이다. 한 마디로 **글쓰기**는 그에게 카프카처럼 **기도의 형식**이었다.

우리는 어떻게 죽는가: 셔윈 뉴랜드

이제 나는 끝으로 예일 대학교의 외과 의사이자 의학사 연구자인 셔윈 뉴랜드를 증인석에 세우고자 한다. 『우리는 어떻게 죽는가How we die』라는 그의 저서는 미국에서 한동안 베스트셀러를 기록한 바 있었다. 저자는 이론과 실제를 겸비한 의사로서 몽테뉴와 다른 문학적 전거들을 자유롭게 인용할 정도로 문학에도 상당히 해박한 지식을 지녔다.

뉴랜드는 그의 저서에서 "시인, 철학자, 역사학자, 유머리스트는 […] 죽음에 관해 자주 기술해 왔으나 죽음을 직접 목도하는 것은 흔치 않으며", 반면에 "의사들과 간호사들은 죽음을 자주 지켜봐 왔으나 죽

73_ Maxie Wander, 삶이 최고의 대안이다. 일기와 서한들, Darmstadt 1980, 198쪽.

음을 기술하는 일은 흔치 않다"[74]고 **문학과 의학의 상호관계**를 먼저
설명하고 있다. 이어서 그는 병원 침상에 "품위 있는 죽음"이란 없다고
주장한다. 우리가 품위 있는 죽음을 운운하는 것은 참으로 "빈사상태
의 생명을 표현하는 강력하고도 종종은 반감을 일으키는 사실에 대하
여 멋지게 승리하려는 동경의 표현"[75]이며, 편안한 죽음의 신화는 "인
격이 차츰차츰 소멸해가는" 현실과는 전혀 공통점을 갖지 못한다. 결
론부터 말하자면 그는 의사로서 "품위 있는 죽음을 체험한 경우가 아
주 드물었다"[76]는 것이다. 뉴랜드는 에이즈에 걸린 젊은 환자를 사망
할 때까지 곁에서 돌봐준 친구를 예로 들어 품위는 죽어가는 사람에게
는 중요한 문제가 아니며, 살아 있는 사람들에게만 의미심장하다는 것
을 증명하고 있다.

　뉴랜드는 두 번째로 "죽음은 전반적으로 괴로운 과정이다"라고 단
호하게 규정한다. "많은 사람은 아마도 '자기 의지가 없거나 의식 없
이' 혼수상태에 빠져 있을 것이다. 몇몇 다행스러운 사람들은 실제로
중병을 앓고 난 뒤 편안하고 심지어는 의식이 뚜렷한 상태로 작별을
고할 것이다. 매년 수천 명은 어떤 불편한 순간을 겪은 뒤 뜻밖에 죽음
을 맞이할 수도 있다. 치명적 사고의 희생자들은 때때로 무서운 고통
에서 벗어나 은혜로운 구원을 찾을지도 모른다. 유례없는 평온 속에서
우리를 떠나는 사람들조차도 며칠 또는 몇 주 동안은 영적이고 육체적

74_ Sherwin B. Nuland, 우리는 어떻게 죽는가, New York 1993; 독일어판: 우리는 어떻게 죽는
　　가, 품위 있는 종말?, München 1994, 28쪽.
75_ 같은 책, 31쪽.
76_ 같은 책, 18쪽.

인 고통을 겪고 나서야 최후를 맞이한다."[77]

이와는 다르게 말하는 사람도 예컨대 심부전증 최종단계에서의 비참함이나 에이즈 환자가 맞이하는 최후순간의 끔찍함에 대해서는 알지 못한다고 뉴랜드는 주장한다. "물론 어떤 의사든 환자를 위해 최선을 다하려고 하고, 환자의 생명을 구하기 위해 동정심을 가지고 모든 것을 행하지만, 그럼에도 여전히 서먹서먹한 관계는 남아 있다. 여기서 품위라는 말은 있을 수 없다. 소생의학의 구급요원들이 그들의 임무를 포기해야만 한다면, 응급실은 패배한 전쟁터와 같을 것이다. […] 얼마 전만 해도 의식이 남아 있던 사람을 구해내려고 싸움을 벌였건만, 그 한가운데에는 더 이상 아무도 관심을 두지 않는 생명 없는 육체가 누워 있는 것이다."[78]

'우리는 어떻게 죽는가'라는 제목을 놓고 미국에서는 논란이 많았다. 그러나 대부분 이제 사람들은 암, 뇌졸중, 에이즈, 알츠하이머[79]로 죽는다는 것이 무엇을 의미하는지 알고 있으며, 이렇게 아는 것이 죽어가는 환자들에게도 유용하다는 뉴랜드의 견해에 동조한다. 예를 들어 밥Bob이라는 환자는 친구들을 불러놓고 마지막으로 크리스마스를 즐긴 뒤 자신의 묘비에 "누군가 크리스마스를 올바르게 즐길 수 있

77_ 같은 책, 217쪽.

78_ 같은 책, 76쪽.

79_ 같은 책 164쪽: "의식을 잃어버렸거나 주변세계에 관해 아무것도 인지하지 못하는 알츠하이머 환자들에 대하여 가능한 방식의 인위적 영양공급 중단은 구원이다. 알츠하이머 환자들의 오랜 숙환을 목격한 많은 증인들은 인위적 영양공급을 할 때에 임종환자의 최종단계에서 거의 피할 수 없는 마비와 영양섭취 불능상태를 환자에게 요구하는 것보다는 차라리 죽음을 허용하는 것이 훨씬 더 인간적이라고 생각한다."

다면, 그것은 바로 그 사람이라고 항상 그가 말했었지"[80]라는 디킨스의 문장을 새겨 넣게 했는데, 그것은 환자에게 큰 위안을 주었다는 것이다.

끝으로 결정적인 것을 뉴랜드는 지적했다. 그는 **적극적 안락사**에 관하여 오남용을 경계하면서 조심스럽게 말하고 있으나, 그가 어느 편에 서 있는지는 분명하다. 더욱이 질병, 무엇보다 에이즈를 하느님의 분노로 죄악시하는 사람들과는 견해를 달리하면서 다음과 같이 언급한다. "나는 내 나름대로 이 질병(특히 에이즈라는 병)이 신과는 전혀 무관하다고 생각한다. 우리는 자연의 맹목적인 힘으로부터 일어나는 재앙의 목격자들이다. 이 재앙은 방식에서 유례가 없지만, 아무 의미도 없고 또한 […] 어떤 중요한 메타포로도 쓸모가 없다. 많은 신학자들 역시 하느님은 이런 재앙에 관여하지 않는다고 생각한다. 네덜란드 개혁교회의 주교들은 〈안락사와 목회Euthanasie en Pastoraat〉라는 글에서 해명할 길이 없는 하느님의 인간고통에의 관여라는 오랜 물음에 대하여 그들의 견해를 표명했다. '사물들의 자연적 질서는 반드시 하느님의 의지와 일치하는 것은 아니다.' 그들의 태도는 기독교 성직자와 유대교 성직자의 편으로 갈라진다. 아무튼, 표명에 신중을 기하지 않는다면 무책임한 태도가 될 수도 있을 것이다."[81]

이와 관련하여 뉴랜드는 하버드 대학교 교수이자 노벨 물리학상

80_ 같은 책, 356쪽.
81_ 같은 책, 254쪽. 여기 언급된 안락사 문제(특히 네덜란드에서의 문제)에 관해서는 L. Kennedy, 안락사, (Walter Jens의 서문), München 1991 참조.

수상자 펄시 브리지먼Percy Bridgman의 생각을 지지하고 있다. 브리지먼은 암에 걸린 상태에서 최후까지 작업하여 자신의 저서가 완성되자 자살로 삶을 마감했다. 브리지먼은 의사들에게 자신의 생명을 끝내 줄 것을 요청했으나 거절당한 뒤, 스스로 죽어야만 하는 처지를 유감스러워하면서 최후의 글을 남겼다. "지금의 나처럼 불가피하게 삶을 마치는 경우에, 각 개인은 의사에게 대신 그렇게 하도록 요청할 권리가 있다." 이에 대해 뉴랜드는 "우리가 현재 안고 있는 문제를 요약하는 문장이 있다면, 그것은 바로 이것이다"[82]라고 말했다.

그러나 죽음과 품위 있는 종말에 대한 숙고를 마치면서 이 문장에 관해 톨스토이게 묻는다면,—그가 우리 시대에 살고 있고, 또한 현대 의학의 발전상을 알고 있다고 가정할 때—그는 무엇이라고 대답할 것인가? 우리는 확신해도 좋을 것이다. 자비와 동정심의 사도 톨스토이는 틀림없이 서원 뉴랜드의 견해에 동의했을 것이다. 마찬가지로 그는 약사 말론의 죽음과 관련하여 카슨 매컬러스에게도 동의했을 것이다.

아버지의 죽음을 기록한 필립 로트의 경우 그는 작가들 가운데 최고의 증인 역할을 하고 있는데, 왜냐하면 안락사의 변호사들이 그에게 요구할 수 있었던 그 어떤 것도 (엄청난 고통을 감수하면서!) 해냈기 때문이다. 무엇보다 그는 아버지에게 인공호흡기를 부착하는 것을 거절했다. "병상에 계신 아버지는 마치 조 루이스와 100라운드 경기를 치른 분 같았다. 만일 아버지가 인공호흡기로 생명을 유지하게 된다면 필연

82_ 같은 책, 233쪽.

적으로 맞이하게 될 비참함을 생각했다. 나는 그 모든 것을 보면서도 오랫동안 저기 우두커니 앉아 있어야만 했다. 그러나 이제 나는 아버지에게 가까이 다가가 그분의 움푹 가라앉은 수척한 얼굴을 향하여 '아버지, 편히 보내 드리겠습니다'라고 마침내 속삭일 수 있게 되었다."[83]

필립 로트의 책을 보면서 나는 앞으로 작가들이 지금보다 더 열렬히 신학자와 법학자, 의사들의 대화에 참여하게 된다면, 그들은 살아 있는 자들뿐만 아니라 죽은 자들을 주제로 하여 많은 것을 이야기할 수 있다고 생각한다. 예컨대 알베르 카뮈의 『페스트』는 이를 단적으로 예증한다. 이 작품에서 주인공인 의사 리외는 페스트로 죽는 어린이의 죽음(내가 보기에 문학작품에 존재하는 가장 처참한 죽음의 장면)을 지켜보면서 파늘루 신부와 대립적인 견해를 보인다. 그는 이 세상에서 일어나는 "이해할 수 없는 일조차 사랑해야 한다"는 신부에 대해 이렇게 반론을 제기한다. "아닙니다, 신부님! 나는 사랑에 대해 다른 생각을 하고 있습니다. 나는 죽을 때까지도 어린아이들이 괴로움을 당하는 세상은 사랑하기를 거부할 것입니다."[84]

편안하고 품위 있게 죽을 수 있는 권리

이제까지 언급한 것을 최종적으로 요약하자면 다음과 같다. 삶의 예술ars vivendi을 비유와 상으로 가르치는 것이 본질인 문학은 프로이트

83_ P. Roth, 아들로서의 나의 삶, 205쪽.
84_ A. Camus, 페스트, Bad Salzig 1949, 208쪽.

의 "삶을 원하거든 죽음을 대비하라Si vis vitam para mortem"는 구호의 의미에서 병들고 죽어가는 사람들의 다섯 번째 권리, 즉 고통을 당하지 않고 편안하고 품위 있게 죽을 수 있는 권리를 계속 시야에 들어오도록 하는 저들의 정당보다 훨씬 더 결정적으로 감동을 줄 수 있을 것이다. ─유럽평의회에 속해 있는 인권위원회는 제2항에서 이 권리를 규정한 바 있다.

문학은 인간들이 오늘날 얼마나 비참하고 무가치하게 죽어가고 있는지를 자세하고 생동감 있게 그려내어야 한다. 왜냐하면 "무가치한 생명"의 폐기라는 구실로 수많은 인명을 안락사시킨 히틀러의 잔재가 아직도 지워지지 않은 상태에서 우리는 무엇보다 살해와 죽음의 자기결정이 다른 것이라는 점을 명백히 밝혀야만 하기 때문이다. 이른바 '무가치한 생명'의 강압적 처리는 말만 안락사일 뿐이지 죽음에 직면한 개인들이 원하는 존엄사와는 전혀 관계가 없다.

이에 대해 〈가난한 남자의 생애와 자연의 모험〉이라는 책의 저자인 울리히 브레커Ulrich Bräker의 말이 정당한 것은 아닌지 생각해 볼 필요가 있다. 그는 안락사를 인간 본연의 권리로 생각하면서 1797년 3월 자신의 일기에 다음과 같이 적었다. "자비로운 만물의 창조주가 이런 저런 사람을 서서히 고통스럽게 죽도록 자연에 명했단 말인가? 고통스러운 인간들을 위로하고 파멸의 존재에게 도움을 주는 것이 물론 의사의 할 일이다. [⋯] 그러나 의사가 아픈 곳을 찾아내어 환자로 하여금 수년간 고통에 시달리게 한다면, 그럴 바에는 차라리 환자를 더 빨리 죽음에 이르게 함으로써 안식을 갖게 하는 것이 좋은 것은 아닐까? 그렇지 않다면 자연의 발걸음을 더욱 느리게 하여 이렇게 불행한 세월 동안 줄곧 고통을 당하며 서서히 죽도록 하는 것이 의사의 의무란 말인가? 나는 그렇게 생각하지 않는다. 적어도 내가 의사라면, 이런 따위를 의무로 여기지는 않을 것이다."[85]

1797년에 쓴 이 일기가 어떤 구속력을 지니는 것도 아니지만, 그 자체로 시종일관 품위 있는 죽음에 대한 사고가 반영되어 있다. 울리히 베커는 그의 책 끝 부분에서 의사는 불치병 환자에게 마지막 사랑의 헌신을 보여주고, 자비로운 의료인으로서 환자를 구제할 것을 촉구하고 있다.

수백만 명의 사람들은 어느 날 그들의 곁에 일반 전문의가 아니라 막스 슈르Max Schur 박사와 같은 주치의가 옆에 서 있다는 것을 안다면, 한스 큉과 나처럼 태연히 자신의 일에 전념할 수 있을 것이다. 막스는 자신의 환자인 지그문트 프로이트에게 죽음의 모르핀을 투여하기를 서슴지 않았다. 물론 프로이트는 30회 이상의 수술과 그로 인한 고통을 견디아 했는데, 1939년 9월 2일 그는 주치의에게 턱 부근에 암종이 생겨났을 때 서로가 약속한 내용을 상기시킨다. "슈르 박사, 우리의 첫 대화를 잊지는 않았을 테죠. 이렇게 된다면 박사는 나를 고통 속에 내버려두지는 않겠다고 약속했었죠."[86]

만일 어머니를 죽음에 이르게 한 네덜란드의 여의사 게르투르데

85_ U. Bräker, 일기와 여행기, S. Voellmy/H. Weder편, Zürich 1978, 37쪽 이하.

86_ M. Schur, 지그문트 프로이트, 삶과 죽음, Frankfurt am Main 1973, 620쪽(M. Schur, 최후의 날: 2천년을 통해서 본 죽음의 역사, H. J. Schultz편, München 1988, 46–55쪽 참조).

포스트마Gertrude Postma 또는 프로이트의 주치의 막스 슈르와 같은 의사들이 있다는 것을 알게 된다면, 그리고 저녁에 의사가운을 입지 않은 채 환자들과 자연스럽게 만나서 계획도 이야기하고, 친절하게 "만일 환자분께서 의사라면 어떻게 하는 것이 좋겠습니까?"라고 물어보는 의사들이 있다면, 아마 환자의 상황은 훨씬 나아질 것이다. 누구나 측은한 마음에 어머니의 고통을 구원한 게르투르데 포스트마를 갖게 될 것이며, 누구나 막스 슈르처럼 용기 있고 인간적인 의사와 굳게 약속도 할 수 있을 것이다.

제2부 인간존엄사
논의

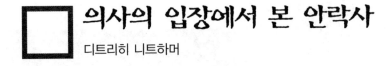

의사의 입장에서 본 안락사

디트리히 니트하머

한스 큉과 발터 옌스에 의하여 촉발된 존엄사 논의는 아주 중요하고 필연적이다. 하지만 주지하듯이 "생명의 끝"이 아니라 "생명의 시작"과 관련된 소아과의사가 하필이면 의학 대변자로 선정되었다는 것은 여러 사람들에게 놀라움을 줄지도 모른다. 나는 나의 개인적 경험을 이 논의에 끌어들이고자 한다.

품위 있는 죽음

내가 당시 의과대학생으로서 생전 처음 죽어가는 소아암 환자 앞에 섰던 것은 꼭 30년 전의 일이었다. 환자는 유타라는 이름의 12세 소녀였는데, 온몸에 종양이 퍼져 있었다. 아이는 더는 소생할 수 없을 만큼 이미 쇠약한 상태였고, 뼈만 앙상하게 남았으면서도 모든 영양섭취를 마다하고 있었다. 병실로 들어오는 사람을 물끄러미 바라보는 커다란 검은 두 눈동자만이 살아 있는 것처럼 보였다. 간혹 방문객이 아이에게 말을 건네면, 아이는 곧 시선을 돌려서 허공을 바라보곤 했다.

유타는 의사나 간호사, 심지어 부모를 포함하여 그 누구와도 말을 하지 않았다. 일주일에 두 번 병실을 찾는 유타의 부모는 어떻게 해서든 아이의 기분을 좋게 하려고 온갖 노력을 다했지만, 소용이 없었다. 우리 모두에게 3호 병실은 견디기 어려웠다. 우리는 뭔가 꼭 해야 할 일이 있을 때에만 병실에 들어와, 일을 마치면 거의 도망치듯이 병실을 빠져 나왔다. 아무리 말을 건네도 반응이 없어서 우리는 가슴만 답답할 따름이었다. 어느 날 유타는 숨을 거뒀고, 아이의 곁에는 아무도 없었다.

나는 한편으로는 무거운 짐을 풀어놓은 기분이었고, 다른 한편으로는 죄책감을 느꼈다. 유타는 한밤중에 병실에서 안치실로 옮겨졌다. 우리는 더 이상 아이에 관해 이야기하지 않았다. 마치 그런 아이는 없었던 것처럼 모두가 조용히 있었다. 이후 의사가 된 나는 유타처럼 많은 환자가 아무 말 없이 죽거나 홀로 세상을 하직하는 것을 종종 목도했다. 오랫동안이나 나는 유타와 말을 해보려고 시도했을 때 나를 단한 번 물끄러미 바라보았던 아이의 커다란 눈망울을 떠올려보곤 했다.

유타가 비참하게 죽은 이후로 많은 것이 변모했다. 우리 의사들은 그동안 금기시되었던 것을 깨트리고 환자들과 그들의 심각한 병세, 사망할 가능성, 심지어는 죽음 자체와 사후의 생명에 관해서도 대화를 나누기 시작했다. 남녀노소를 불문하고 환자들은 고통에 대한 공포만큼이나 죽음에 대한 공포에 쫓기고 있다. 그러나 이제 우리는 임종을 앞둔 환자들과 그들의 불안 및 공포에 관하여 대화를 나눈다. 더구나 우리는 그들에게 어떤 환자라도 홀로 쓸쓸히 죽게 되지는 않을 것이며, 끔찍한 고통도 당하지 않게 되리라는 것을 약속할 수 있게 되었다. 왜냐하면 현대의학은 성능이 좋은 기계들을 많이 발명했을 뿐만 아니라, 아주 효과적이면서도 동시에 혼수상태에 빠지지 않게 하는 통증처리 방법 또한 발전시켰기 때문이다.

페터 놀은 자신의 장례를 계획하면서, "만일 그런 순간이 온다면" 무슨 말을 할 것인지 유명한 극작가 막스 프리쉬Max Frisch와 토론까지 벌였다.[87] 이는 실상 우리가 항상 겪게 될 어떤 것이다. 죽음에 직면한 어린이들과 청소년들은 그들의 장례를 계획하고, 친구와 가족에게 줄 선물들을 구하고, 부모나 형제 · 자매의 장래를 걱정하기도 한다. 놀처럼 그들은 이런 식으로 염려하던 죽음에 가까이 다가간다.

최근에 15세의 한 소년은 아버지와 오랫동안 살던 집이 아니라 어머니가 사는 곳에 자신을 묻어달라고 청원한 바 있었다. 적어도 죽어서는 다시 어머니의 근처에 있기를 바란 것이다. 환자들은 자신을 압박하는 것에 대하여 이야기하는 것이 도움된다. 임종을 앞둔 환자들은 가능한 한 자신의 마지막 삶을 차분하고 조용하게 유지하길 바라며, 사후에도 가능한 한 사람들에게서 망각되지 않도록 많은 면에서 주의

87_ Peter Noll, 죽음 및 사망에 대한 구술, 막스 프리쉬의 죽음의 연설, München 1987 참조.

를 기울인다.

어린이들과 청소년들은 병원에 갈 것인지 아닌지, 치료를 받을 것인지 아닌지를 스스로 결정하는 경우가 빈번하다. 17세의 칼은 재발이 잦은 난치성 종양에 걸려서 고생하고 있었다. 고통은 거의 없었지만, 주기적으로 수혈을 받아야 했다. 수혈을 받을수록 칼은 점점 더 병세가 악화되는 것 같았으나, 그럼에도 대체로 쾌활하고 침착했다.

어느 날 칼이 나에게 물었다. "더 이상 수혈을 받지 않으면 저는 어떻게 되나요?" 나는 칼에게 만일 수혈을 받지 않으면 갈수록 몸이 나른해지고, 언젠가는 깊이 잠이 들어 깨어나지 않게 될 것이라고 설명해 주었다. 칼은 잠시 아무 말도 하지 않고 생각에 잠겼다. 그러더니 이윽고 나직한 어조로 말을 꺼냈다. "그렇다면 저는 이제 더 이상 수혈을 받고 싶지 않아요. 선생님께서는 이 사실을 부모님께 전달할 수 있으시겠죠? 부모님께는 죄송하지만, 저는 더는 견딜 수가 없어요." 이 말을 듣고 나는 잠시 칼의 침대 옆에 우두커니 앉아 있었다. 우리는 다른 모든 중요한 일에 관해서도 충분히 이야기를 이미 나눈 상태였다. 칼의 부모 역시 그의 결단을 받아들였는데, 이는 무엇보다 우리에 대한 신뢰가 있었기에 가능한 일이었다.

네 가지 기본적 질문

나는 앞서 두 강연문이 제기하는 물음을 다음과 같이 네 가지로 정리하면서 이에 대해 나의 소견을 덧붙이고자 한다.

① 의학에 대한 공포는 정당성이 있는가?

② 공포가 정당한 것이라면, 그 이유는 무엇인가?

③ 부탁에 의한 살인은 문제 해결을 위한 적절한 사항인가?

④ 생명유언장은 구속력을 가져야만 하는가?

〈1〉 현대의학에서 도구의 지배력에 대한 공포 또는 기계장치에 대한 두려움 때문에 (페터 놀처럼) 차츰차츰 자신의 자유를 상실해 간다는 두려움은 정당성이 있는가? 이와 관련하여 한스 큉은 "어떤 사람이 감히 나서서 다른 사람의 삶과 죽음을 결정할 것이며, 또한 그에게 더 살아서 고통을 계속 인내하라고 강요하고 싶겠는가?"라고 앞서 반문한 바 있었다.

그렇다, 나는 의학에 대한 이와 같은 불안이나 공포가 충분히 있을 수 있다고 생각한다. 생명의 종식에 대하여 숙고하는 것보다 산소호흡기로 생명을 연장하는 일이 더 단순한 경우가 종종 있으며, 각종 치료 방법이 시도되고는 있으나 차라리 종말에 대하여 논의하는 것이 더 의미심장한 경우도 종종 있는 것이다. 그리고 통증치료가 번번이 쓸모없어져 환자들이 죽기 전에 의사를 떠나는 경우도 자주 발생한다.

취리히의 신학자 로베르트 로이엔베르거[88]는 언젠가 이렇게 말했다. "임종환자에 대한 비인간적 처리는 진실로 그의 생명을 인위적으로 연장시킴으로써 야기되는 것이 아니다. 그렇다고 임종을 앞둔 환자

88_ R. Leuenberger, 죽음. 운명과 과제, Zürich 1973 참조.

가 그에게 중요한 영양 공급이 중지됨으로써 최후의 타격을 받는 것도 아니다. 그러나 가장 큰 충격은 — 어쩌면 임종을 맞이하기 수개월 전에 — 환자의 내적 교류관계가 박탈당할 때 일어난다."

바로 이런 잘못된 결과는 아마도 삶을 연장하는 것만이 의사의 임무라고 믿기 때문에 발생하는 것 아닌가 생각된다. 어느 오래된 의사 선언문에는 다음과 같은 말이 들어 있다. "의사의 임무는 **이따금** 환자를 치료하고, **자주** 진정시키고, **항상** 위로하는 것이다." 이 규정은 현재에도 똑같이 통용된다. 그런데 현대의학은 문제의 핵심을 종종 다른 쪽에 두는 오류를 범하는 것처럼 보인다.

〈2〉 의학에 대한 공포가 정당한 것이라면, 그 책임은 의학에 있는 것일까? 그렇지 않다고 생각한다. 의료분야는 사회의 일부분에 불과한데, 우리의 사회는 임종을 앞둔 말기환자와 죽어가는 사람들을 위하여 무엇을 하고 있는가? 소아암 환자 유타가 죽은 지 30년이 지났지만, 많은 병원에서 병실의 열악한 상황은 거의 변화하지 않았다. 그럼에도 많은 임종환자들은 병원에 의존할 수밖에 없는 실정이다. 그런데 환자의 가족들은 얼마나 자주 찾아와서 환자의 곁을 지켜주고 있는가? 나아가 의사들에게 언제나 새로운 행동 및 정당성을 강요하는 — 미국처럼 우리나라에서도 갈수록 심해지는 — 법률가들을 누가 과연 제어할 것인가? 그런가 하면 많은 사람들은 최고 수준의 치료권리를 요구하고 있지 않은가? 그러므로 환자들을 죽음의 상황에 방치해 두고 있는 것은 의료분야뿐만이 아니라, 우리 현대사회를 살아가는 구성원들이다. 그들 대부분은 임종을 앞둔 환자들에 관하여 아무것도 알려고 하지 않는다.

〈3〉 따라서 임종환자를 무책임하게 방치하는 것이 의학과 사회 전반의 잘못에 있다고 전제한다면, 이들에 대한 유일한 해결책은 적극적 안락사일까? 적극적 안락사는 현재 법제화되고 있기는 하지만, 개별적으로는 오남용을 방지할 수 없는 실정이다. 나는 먼저 의학과 사회가 이에 대해 충분히 숙고할 자세가 되었는지 진지하게 물어보는 것이 필요하다고 생각한다. 안락사의 요청은 종종 배려와 관심에 대한 요구이자 외롭게 내버려 두지 말아 달라는 간절한 부탁이다. 서원 B. 뉴랜드[89]가 임종환자에게 죽음이 편안한 경우는 아주 드물다고 강조한다면, 그의 주장은 분명히 올바르다. 나의 경험으로도 환자들의 죽음이 편안해 보인 적이 거의 없었다.

환자들의 죽음은 고통, 불안, 고독, 분노, 자기상실, 체념, 절망 등과 연관되어 있었다. 그것이 어떤 순서로 진행되는지는 여기서 중요한 것이 아니다.[90] 그들은 이런 현상들 가운데 많은 것에서 벗어나지 못하는데, 그 이유는 일반인들이 생각하는 것보다 훨씬 일찍 불안이나 고독 따위에 노출되어 있기 때문이다. 그들이 이 모든 것을 혼자서 견뎌내야 한다면, 그것은 참으로 끔찍한 일이다.

문제는 절망과 희망이 너무 자주 교차한다는 점이다. 죽음에 대한 의식과 영원한 생명에의 희망이 번번이 교차함으로써, 그것이 곁에서

89_ S. B. Nuland, 우리는 어떻게 죽는가, New York 1993 참조(독일어 번역판: 우리는 어떻게 죽는가. 품위 있는 죽음이란?, München 1994 참조).
90_ E. Kübler-Ross, 서리가 죽음으로 변한다, Stuttgart 1976 참조.

돌보는 사람들을 힘들게 할 때도 자주 발생한다. 결국 임종환자에게 작별의 순간이란 죽음을 의미한다. 그러나 마지막 작별은 떠나는 사람뿐만이 아니라, 남아 있는 사람에게도 마찬가지로 대단히 중요하다. 단적으로 말해 갖가지 원인으로 죽음에 직면한 환자는 무엇보다 그를 도우려는 사람들과의 따뜻한 대화가 필요하다.

의사들이란 종종 확신이 없으며, 따라서 어떤 실수도 저지르기를 바라지 않는다. 그러나 가족들이 환자를 홀로 내버려두고 싶지 않다면, 필립 로트[91]가 했듯이 힘든 일이지만 죽음의 과정을 의사에게 맡길 수도 있을 것이다. 현행법이 규정하는 바와 같이 로트의 동의와 참여가 없었다면, 그의 부친은 최후의 순간까지도 인공호흡기에 의존할 수밖에 없었을 것이다. 하지만 그런 일은 일어나지 않았다. 필립 로트는 그의 부친에 대하여 책임감을 가지고 있었기 때문이다.

특히 어린이들과 청소년들은 언제나 그들의 공포와 압박감을 이야기하고 싶어 한다. 분명한 것은 이렇게 함으로써 많은 어려움이 완화될 수 있다는 사실이다. 그런데 성인들의 경우에는 어떠한가? 의료진들 사이에는 상황이 명확히 전달되고 서로 조언도 주고받는다. 반면에 의료진과 환자와의 대화는 별로 없고, 환자에게 정보도 제공되지 않을 때가 자주 있다. 그것은 결국 좋은 결과를 낳지 못한다. 그렇기 때문에 누군가 환자들 곁에 있을지라도, 환자들은 홀로 버려진 채 죽음을 맞이한다. 이것이야말로 인간답지 못한 비참한 죽음이라고 나는

91_ P. Roth, 아들로서의 나의 생애. 실제의 이야기, München, Wien, 1992 참조.

생각한다.

더 이상 견딜 수 없을 정도로 고통을 호소하는 환자들이 있다. 바로 이럴 경우에 우리는 의사로서 최선을 다해야 함은 물론이지만, 과도한 분량의 모르핀 투여가 유일하게 고통을 진정시킬 방법이라면 이를 너무 두려워해서는 안 된다. 심폐발작으로 치명적인 호흡곤란에 시달리던 16세의 한 소녀는 너무 고통스러운 나머지 자신에게 인공호흡기를 투석하게 해달라고 내게 호소했다. 나는 그것이 호흡곤란을 제거할 수 있는 유일한 방법이지만 더 이상 깨어나지 못하고 죽을 수도 있다고 설명해 주었다. "그래도 좋으니 하겠어요!"라고 소녀는 당시에 외쳤고, 하루 뒤에는 의식불명 상태로 사망했다. 의사를 포함하여 주변 사람들에게 버림받은 채 죽는다는 것은 가장 비인간적이고 비참한 죽음이다. 그렇다고 부탁에 의한 살인이 이에 대한 대안은 아니라고 생각된다.

〈4〉 특정한 법규의 요건들에 따라 작성된 생명유언장이 의사에게 구속력이 있는 유언장인가 하는 물음이 제기될 수 있다. 이런 법 규정이 있어야 한다는 목소리가 젊은 계층으로부터 빈번하게 흘러나오고 있다. 물론 이에 따르는 개별사례의 비극은 일반화되고 있다. 반면에 이런 일을 곁에서 체험하거나 또는 종종 언론과 책을 통해 전해 듣고는, 이런 일이 절대 일어나지 않기를 바라는 사람들도 형성되고 있다.

모든 의료경험에 따라 파악해 볼 때, 환자가 생명유언장을 쓰는 사례는 실제로는 매우 드문 편이다. 유언장을 썼을지라도 뇌손상이나 뇌질환으로 정신적 기능이 회복불능에 빠져 철회 또는 확증이 불가능하다면, 그것이 어떻게 구속력을 가질 수 있겠는가? 생명유언장은 기껏해야 우리 의사들이 환자를 잘 모를 때, 그와 더 친숙해지도록 도울 수 있는 방편에 지나지 않는다.

치료 – 진정 – 위로

앞서 언급한 것을 요약하자면, 의학 또는 인위적 생명연장의 도구에 대한 공포는 정당하고, 현행 체계에 결함이 있는 것이 사실이다. 그렇지만 생명유언장에 의거한 적극적 안락사에 대한 법 규정이 이에 대한 해결책은 아니다. 확실하고 필연적인 해결책은 아주 다른 차원에서 찾아야 할 것이다.

발터 옌스는 다음과 같이 말한 바 있었다. "수백만의 사람들은 어느 날 그들의 곁에 일반 전문의가 아니라 막스 슈르 박사와 같은 주치의가 옆에 서 있다는 것을 안다면, 한스 큉과 나처럼 태연히 자신의 일에 몰두할 수 있을 것이다. 막스 슈르 박사는 자신의 환자인 지그문트 프로이트에게 죽음의 모르핀을 투여하기를 서슴지 않았다." 이와 같은 의사에 대한 촉구가 소홀히 되어서는 물론 안 될 것이다. 그러나 프로이트에게 결정적인 것은 그를 최후의 순간까지 곁에서 돌봐주고 홀로 내버려두지 않았던 우정이었다.

우정에 대해 소송이라든가 법 규정을 운운할 수는 없다. 나는 이런 도움의 요청이 어느 누구, 심지어 법정이나 법정대리인도 개입하지 못하는 의사와 환자 사이의 용무라고 생각한다. 너무 이상적인지도 모르겠지만, 가장 바람직한 것은 사람과 사람 사이의 돈독한 관계이다. 예컨대 언젠가 12세의 소년은 자신이 언제 죽을 것인지를 내게 물었다. 갑작스러운 질문에 내가 미처 대답을 못하고 망설이자, 소년은 "친구는 서로 해치지 않아요" 그리고 "친구는 거짓말도 하지 않아요"라고 말한 적이 있었다. 어린이들과 청소년들이 우리에게 기대하고 바라는 것이 바로 이런 것이다.

그러므로 나는 이제까지 말한 바와 같이 법 규정이 필요 없다고 생각한다. 의사들과 사회의 구성원들이 함께 살아가는 사람들에 대하여 자신의 의무를 진지하게 이행한다면, 우리가 현재 가지고 있는 가능성은 충분하다. 그렇다면 어떤 노인도 사는 것보다 차라리 죽는 것이 낫다는 가족의 말에 의사가 설득을 당할까 봐 두려워하지 않아도 된다. 환자가 자신을 편안히 잠들게 해 주기를 희망할 때, 어떻게 우리 의사들이 언제나 환자의 뜻에 따라 해주기를 기대할 수 있단 말인가? 의사들만이 할 수 있는 일이라고 말하지만, 그것은 이치에 어긋난다.

마약중독자는 누구나 주사 놓는 법을 제대로 알고 있다. 개인의 자유에 대한 대가는 일차적 과제가 생명의 유지인 직업인에게는 무서운 부담이다. 더 이상 무의미한 인공호흡기의 필연적인 제거조차도 우리를 때때로 회의에 빠트린다. 적극적 안락사가 우리의 과제가 되었다 해도, 우리가 구체적으로 어떻게 해야 하는지 분명한 것도 아니다. 우리 의사가 요구하고 싶은 유일한 법 규정은 우리가 환자를 적절히 돕고 처리했을 때 사법적 처벌에서 안전을 보장받을 수 있는 보호조처이다.

이따금 치료하고, 자주 진정시키고, 항상 위로하라! 우리가 이 의사수칙을 진지하게 받아들인다면, 앞으로는 ― 확신하건대 ― 소수의 환자만이 죽음의 주사를 요구하게 될 것이다. 어떤 다른 상황에서도 진정시키고 위로하는 일이 소홀히 되어서는 안 될 것이다. 자비로움과 이웃사랑은 물론 의사의 본분이기도 하지만, 무엇보다 그것은 상호 인간관계의 중요한 본질요소인 것이다.

따라서 사회의 구성원들은 이를 의사에게 요구할 수도 있지만, 우선은 그들 자신의 행동을 면밀히 검토해 볼 필요가 있다. 품위 있는 죽음을 가능하게 하는 것은 바로 우리 모두에게 부과된 과제이다. 아울러 오늘날의 의사와 의사 지망생은 여기에 그의 가장 중요한 사명 가운데 하나가 있다는 것을 유념해야 한다. 그러면 의료기구에 대한 공포가 사라질 것이고, 이 도구들 또한 본래의 실제적 효능을 얻게 될 것이다. 나아가 인간의 지배권이 손상되는 일도 더 이상 없게 될 것이다.

파울 슈포르켄[92]은 그의 글 〈인간적인 죽음〉에서 누가 죽어가는 사람에게 이런 인간적 도움을 주어야 하는지를 묻는 것은 나태한 태도라고 지적한다. 이 일을 해야 할 사람은 의사, 간호사, 환자의 가족 및 친척, 사제 등 누구나 될 수 있다. 신학자 프란츠 뵈클레가 "죽음이란 삶의 한 부분이다"라고 말하고 있듯이, 우리가 매일같이 체험하는 것이 바로 이런 것이다. 뵈클레에 의하면 "죽음은 일시적인 붕괴가 아니다. 죽음은 인간이 그의 최종적 삶의 단계에서 필히 지나가야만 하는

92_ P. Sporken, F. Böckle에서 재인용.

과정이다. 죽음은 언제나 비교적 짧든 길든 삶의 한 부분이다. 따라서 우리가 죽어가는 사람을 돕는 일은 언제나 삶의 한 부분에 대한 도움, 최종적으로 맞이하는 삶의 괴로운 부분에 대한 도움이다."[93]

어린 소녀 유타의 죽음은 인간답지 못한 비참한 죽음이었다. 주사 한 번이면 그 괴로운 고통은 일찍 끝날 수도 있었다. 그러나 당시에는 주사가 금지되어 있었기에 유타는 외로움 속에서 고통에 시달리며 비참하게 죽음을 맞이할 수밖에 없었다.

93_ F. Böckle, 품위 있는 죽음, in: 의사의 판단과 행동. 의학윤리의 토대를 위한 시도, L. Hannefelder와 G. Rager 편, Frankfurt 1994.

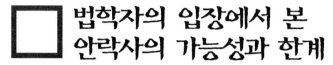

법학자의 입장에서 본
안락사의 가능성과 한계

알빈 에저

법학자로서 이 주제를 거론하게 되면 아마도 유쾌할 일이 별로 없을 것이다. 죽음이란 도대체가 여기에 법이 개입하게 되면 낯설어질 수밖에 없을 만큼 너무나 내밀한 과정이 아닌가? 그럼에도 법은 죽음의 영역 역시 보호하려고 노력해야만 한다. 왜냐하면 죽음은 삶의 끝을 의미하기 때문이며, 그렇다면 국가는―어느 정도는 삶의 보증인으로서―인간적인 죽음이 보장될 수 있도록 주의를 기울여야 하는 것은 당연한 일이다.

〈A〉 삶과 죽음의 경계지대에 있는 형법의 과제

때 이른 생명단축의 방지

때 이른 생명단축의 방지가 우리가 논의해야만 하는 첫 번째 논제이다. 오남용을 방지하려는 법으로서의 형법은 일종의 "신뢰성이 떨어지는" 법이다. 그것은 환자를 염려하는 가족과 호의적인 담당 의사를 주시하고 있을 뿐만 아니라, 상속개시를 신속하게 하는 것처럼 보이는 유산상속 예정자, 불치병 환자를 돌보는 일이 무의미하고 귀찮아진 간병인, 나아가 치료 효과를 검증하기 위하여 생명을 유지해야만 하는 의사를 고려의 대상으로 할 수밖에 없다.

우리가 환자의 자기결정에 대한 관심을 차단하려고 하는 한, 죽기를 원하는 사람의 길을 강압적으로 막아야만 할지라도 법은 우선적으로 사람들을 이 세상에서 내몰리거나 주저앉아 버리도록 놔두어서는 안 된다. 다른 말로 표현하여 형법은 자살의 허락이나 안락사가 사회적 태만의 증거가 되지 못하도록 막아야만 한다. 이럴 때에만 전통적으로 전면에 내세워졌던 형법의 보호목적, 즉 때 이른 생명단축으로부터 환자를 보호하는 문제가 중요해진다.

부적절한 생명연장의 방지

저 전통적 관점에 대해서도 물론 숙고해야 할 사항이 있다. 그것은 요즘 들어 환자에 대한 배려가 정반대의 관심에 의하여 결정될 수도 있다는 점이다. 이유인즉 죽음은 생명을 너무 일찍 단축함으로써 조정될 수 있을 뿐만 아니라, 예를 들면 현대적 소생술의 투입을 통하여 생명을 소위 "자연적 종말" 이상으로 연장하는 역방향으로 조정될 수도 있기 때문이다. 생명연장에 관한 한 갈수록 그 한계가 알 수 없게 되고 있지만, 어쨌든 사회적 관점에서 볼 때에도 개인이 이런 연명치료 조치들을 요구할 수 있는지, 요구할 수 있다면 어디까지인지 하는 물음과 이와는 반대로 개인에게 생명 내지 죽음의 연장을 무작정 강요해도 좋은지, 강요할 수 있다면 어디까지인지 하는 물음이 제기된다. 이에 따라서 형법에는 다음 두 가지의 완전히 새로운 과제가 주어진다.

〈1〉 일차적으로 의사는 어느 정도까지 환자의 과도한 생명연장 요구를 거절해도 좋은 것인지가 해명되어야 한다. 아울러 의사는 이런 결정에서 단지 자신의 의료평가에 근거하는 것인지, 또는 어떤 특정 기준에 의한 것인지, 아니면 다른 환자들의 경쟁적 관심을 고려한 것인지가 이미 문제시된다.

〈2〉 그러나 정반대로 죽음을 어떻게 해서든 지연시켜 보려는, 또는 지연시켜야만 한다고 믿는 의사를 통하여 강요된 생명연장이 자신에게는 견딜 수 없는 환자의 경우도 고려되어야 한다.

내가 1973년에 출간된 파울 모어Paul Moor의 선구자적인 저서 『죽음에의 자유Die Freiheit zum Tode』를 올바르게 이해했다면, 무엇보다 이 책은 인간을 보호하는 것이 우선이라는 것을 주장하고 있었다. 예를 들어 학문적으로 특정한 연구관심이 지배적일 수도 있지만, 결과를 너무 중시하여 환자의 전체적 안정과 건강상태를 소홀히 하는 의사에 대하여 환자를 법으로 보호하는 것은 중요한 일이다. 이런 의사는 그의 일차적 목적을 의료방법의 효율 내지 새로운 객관적 인식의 획득으로 보려는 경향이 있다.

가장 중요한 기본원칙과 사례들

기본원칙과 사례라는 것이 안락사의 가능성과 한계에 대하여 어떤 의미를 지니고 있는가? 이에 대한 대답은 그리 단순한 것이 아니다. "부탁에 의한 살인"의 경우 감형을 고려하는 형법 제216조를 제외한다면, 독일에는 안락사를 전적으로 다루고 있는 법 규정은 물론이거니와 훈령조차 없다. 그러므로 일반적 기본원칙들에 의존할 수밖에 없는 실정이다.

| 타인에 의한 살인금지 |

제일 먼저 타인에 의한 살인의 원칙적 금지가 거론될 수 있다. 이에 관한 한 타인은 죽음의 처리를 거절해야만 한다는 엄격한 금기가 성립된다. 단, 여기에는 세 가지 중요한 예외사항이 적용된다. 정당방위, 전시에서의 살인행위, 사형이 그것이다.

| 자살의 자유 |

저 살인금지 조항과 자살의 무죄 조항은 대립적이며, 어떻게 보면 모순되고 있다. 물론 자살의 무죄는 자살이 이른바 자유의지와 자기책임에 근거해 있다는 전제에 의한 것이다.

| "부탁에 의한 살인"의 유죄 |

한편으로 '타인에 의한 살인금지'와 다른 한편으로 '자살'의 두 원칙은 죽음을 결심한 사람이 타인의 도움이 필요하다면 어쩔 수 없이 상호 모순에 빠지게 된다. 그렇다면 이 제삼자는 삶에 지쳐 죽으려는 자와 마찬가지로 무죄가 당연한가? 아니면 이런 경우에 타인에 의한 살인금지가 통용되어야 할 것인가?

독일의 법은 "살해된 자의 명확하고 진지한 부탁을 통하여 결정되었던" 살인에 대하여 ― 형법 제216조에 따라 ― "일반적인" 살인에 비하여 가벼운 (6개월에서 15년까지의) 형을 규정함으로써 중도를 선택하고 있다. 여기에는 다음 두 가지의 내용이 표현되어 있다. 첫째, 이와 같은 "부탁에 의한 살인"의 경우 불법적 성격과 죄가 그 밖에 다른 살인의 경우보다 분명히 훨씬 덜 무겁다는 점이다. 둘째, 동정심이 동기가 된 행위자에게 완전한 무죄가 보장되지 않음으로써, 타인의 살인금지라는 원칙적 불가침성이 법률적 근거를 확보하게 된다는 점이다. 이는 물론 다음과 같은 사항에는 통용되지 않는다.

| 순수 자살참여의 무죄 |

이미 언급한 것처럼 자살 그 자체는 무죄이기 때문에, 우리의 이웃 나라 오스트리아나 스위스와는 달리 독일에서는 일반적인 원칙들에 따라서 자살의 교사와 방조는 처벌할 수 없는 것으로 간주한다. 이는 적극적 안락사의 경우 그것이 처벌될 수 있는 "부탁에 의한 살인"으로서 이해될 수 있는 것인지, 아니면 단순히 무죄인 "자살방조"로서 이해될 수 있는 것인지에 결정적으로 달렸다는 것을 의미한다. 이 난해하고 틀림없이 문제가 없지 않은 경계를 어떻게 개별적으로 이끌어낼 것인가 하는 것이 판결과 법률상의 이론에 이미 많은 수수께끼를 던져왔으며, 오늘날까지도 완전히 해명된 것으로 볼 수 없도록 하고 있다.

그러나 어쨌든 현재의 지배적인 견해는 다음과 같이 요약될 수 있다. 즉, 죽음을 야기한 데 대한 최종결정이 당사자 자신에게 있는 한, 이에 대한 조력행위는 처벌될 수 없는 자살방조로서 간주할 수 있다.

반면에 죽음에 대한 결정이 마지막에 결정적으로 제삼자에게 달렸다면, 처벌될 수 있는 부탁에 의한 살인으로서 간주할 수 있다. 물론 어떤 경우에도 전제되는 것은 통찰 및 판단능력을 상실하지 않은 당사자의 결정이 무엇보다 중요한 관건이 된다는 사실이다.

하지만 이렇게 어느 정도는 명확한 개념정의에도 간혹 재판의 불안정성이 일어남으로써 사정에 따라서는 의무 불이행으로 인한 유죄가 고려되기도 한다. 의무 불이행으로 인한 유죄는 두 가지로 설명될 수 있다. 첫째, "사고"로 간주되는 자살의 경우 자살자를 구하기 위한 가능하고 기대될 만한 구조행위를 하지 않는다면, "구조 불이행"으로 인하여 형법 제323c조에 의거하여 누구나 처벌될 수 있다. 둘째, 당사자의 보호에 책임이 있는 "보증인", 즉 직계가족뿐만 아니라 담당 의사는 형법 제13조에 따라 심지어 의무 불이행으로 인한 살인으로 처벌될 수도 있다. 설령 자살자에게 처음부터 스스로 책임을 지려는 죽음의 의지가 결여되어 있었거나 또는 마음의 변화가 인식될 수 있었을지라도, 도움의 의무가 있는 자가 자살자를 죽도록 내버려 둔다면, 이는 논란의 여지가 없다. 반면에 죽음의 의지가 자살자 스스로 책임을 지려는 태도로 간주할 수 있는 한, 이 의지를 존중하여 도움의 의무 및 죽음을 방임한 데 대한 유죄가 면제될 수 있는 것인지는 불분명하다.

| 동의에 의한 죽음의 방임 |

우리의 법이 죽는 사람의 동의, 다시 말해 죽는 사람의 소망에 정

당한 힘을 부여하거나 이 행위를 합법적인 것으로 보고 있지는 않을지라도, 환자의 자기결정권은 언제나 상당한 의미를 지닌다. 물론 적극적 살인행위는 당연히 차단되어 있다. 반면에 환자가 편안하게 죽기 위해 계속된 치료를 거절함으로써 안락사 과정에 영향력을 얻어야만 했을 때에는, **환자의 자기결정권**이 아무튼 이제까지 존중되었다. 환자의 의지가 일차적으로 의료행위의 최고원리라는 것이 법학적 관점에서는 지배적이었다.

그러나 이 원칙 역시 연방재판소(BGH)의 판결에 의해 어느 정도 동요를 겪었다. 연방재판소도 환자의 자기결정권 자체를 바로 의사-환자의 관계 내에서 매우 중요한 것으로 평가했다. 이 때문에 환자의 자기결정권은 — 연방재판소가 예전에 규정한 바 있듯이 — "어느 사람이 이를 통해 치명적인 고통에서 해방되려면 그의 육체의 불가침성 자체를 포기하는 것을 거부하는" 경우에라도 기본법의 표현으로서 육체의 불가침성을 고려해야만 한다. 따라서 연방재판소의 결정에 따르면 환자가 내세우는 죽음의 의지는 원칙적으로 존중되어서는 안 된다. 그것은 1984년 비티히Wittig 박사의 경우에서도 입증되었다.

그럼에도 여기서 연방재판소 역시 의사에게 평가재량권을 인정함으로써 무죄를 선고했다. 환자의 자기결정권은 의사의 평가재량권 내에서 고려될 수 있다는 것이다. 어쨌든 환자의 자기결정권은 최근에 연방재판소가 켐프트너Kemptner의 사례에서 치료의 중단은 전적으로 확고하고 명확한 환자의 의지에 근거해서만 마지막 죽음의 과정 이전에 허락된다고 판시함으로써 보강되는 추세에 있다(1994년 9월 13일 선고).

| 일방적인 의료처리의 중지 |

환자가 전적으로 의료처리를 거부하거나 의료처리의 중지를 요청한—앞에서 거론된—사례와는 달리 일방적인 의료처리의 중지, 일방적인 죽음의 방임이 아주 곤란하고 어려운 경우에 해당한다. 이런 경우들에서는 환자가 이를테면 무의식적 상태로서 완전히 결정능력이 없거나 적어도 반응이 없기 때문에, 의료처리를 해야 할지 중단해야 할지 이성적으로나 인간적으로 전혀 상의할 수가 없어서 문제가 된다.

그렇다면 의사가 과연 환자가 뇌사—오늘날의 관점에 따르면 인간이 법의 의미에서 "인간"이기를 멈추고, 그리하여 육체의 손상 및 생명보호 규정의 보장조차도 끝나는 상태—에 이르기까지 모든 필수적인 처리를 해야 할 의무가 있겠는가? 이것이 몇 년 전까지도 뮌헨의 형법학자 (그 사이에 고인이 된) 파울 보켈만Paul Bockelmann의 관점이었다. 이와 관련하여 현재 많은 사람의 견해는 설령 환자 자신의 생각을 물을 수가 없을지라도 뇌사가 일어나기 이전에 의료처리를 중단하는 것이 가능해야 한다는 쪽으로 흐르고 있다.

그렇지만 의료처리의 중단이 의사의 일반적 재량에 맡겨야 하는 것인지 또는 법이 의사도 특정한 기준을 준수하도록 관심을 가져야만 하는 것은 아닌지 논란이 거듭되고 있다. 그 이유는 무엇보다 환자가 일단 병원에 인도되면 특정한 수준까지는 그를 위한 모든 것이 행해진다는 것, 따라서 개별 환자에 대하여 얼마나 해야 하는 지가 의사의 평가에만 맡기지 않는다는 것을 환자가 알아야 하기 때문이다. 물론 의사 역시 이런 안정성과 명료성에 관심을 가져야만 하는데, 왜냐하면 궁극적으로 이렇게 처리할 때에만 요구에 부응할 만한 신뢰성이 생길 수 있기 때문이다. 문제는 이에 대해 어떤 기준들이 고려되고 적용될 것인가 하는 점이다.

우리가 이에 관해 의학문헌들을 살펴보면, 대부분은 포괄적인 생명유지의 조치들이 아직도 "의미"가 있는지에 초점이 모인다. 이렇게 보면 의미라는 것이 기준으로서 결정적이라는 말도 될 수 있을 것이다. 그러나 이 의미라는 개념을 놓고 지극히 주관적인 평가들이 지배적인 결정요소가 되는 것은 아닐까? 어떤 환자에게는 전혀 의미 없어 보이는 고통의 인내가 다른 환자에게는 도덕적 입증행위를 의미할 수도 있는 것은 아닐까? 여기서 생명연장이 의미 있는지 아니면 이미 무의미한지 의사의 이성적 판단에 맡김으로써 의사에게 후견인 역할을 부여하는 것은 인간, 죽어가는 환자의 소중한 자기결정권과는 상당히 모순된다.

그러므로 어떤 사람들은 의미 내지 "삶의 의미"라는 아주 모호하고 주관적인 기준에서 벗어나 환자의 죽음은 "운명적이고" 불가피하게 "예정되어" 있는지에 대하여 탐구하려고 시도한다. 그러나 자연적인 운명을 언제나 인위적 수단으로 포용하는 것이 바로 의학 본연의 과제가 아닌지 물어야만 하는 것은 아닐까? 의학이 인위적으로 죽음의 과정에 계속해서 관여하기를 포기한다면, 그것이야말로 자포자기가 아닐까?

그 대신 어떤 다른 사람들은 한편으로 의사가 어떤 식으로든 의무적으로 취하여야만 하는 "보통의" 생명연장 조치들과 다른 한편으로 의사의 재량에 맡기는 "특별한" 조치들을 차별화하려고 시도한다. — 이와 같은 차별화는 이미 1957년에 열렸던 저 유명한 마취의사 회의에서 교황 피우스Pius 12세에 의해 이루어졌으며, 이어서 무엇보다 1975년 미국을 떠들썩하게 했던 퀸란 재판(각주 38 참조)에서 보다 구체화되었다. 그러나 이와 같은 차별화의 시도와 직면하여 신뢰할 만한 확고한 기준을 제시하기 위해서는 의학이 그때그때의 일시적 상황에 너무 의존하는 것은 아닌지, 그리고 심지어는 뒤떨어진 관례와 개별 병원의 설비에 의존하는 것은 아닌지 신중하게 물음을 제기해야할 것이다.

| 의료명령의 목적에 대한 성찰 |

나의 견해로는 우리가 의료명령의 본래 목적이 무엇인지를 근본적으로 성찰한다면, 이 모든 난제는 해결의 실마리를 찾게 될 것이다. 그러나 특정한 인류학적 원칙들을 인정하지 않고는 이것 또한 불가능하게 될 것이다. 왜냐하면 이렇게까지 고도로 기술화된 의학이 인간으로 하여금 자기구현의 물리적–심리적 전제들을 창출하고 가능한 한 그것을 오랫동안 유지하도록 돕는 데 있어 다른 응용과학보다 더욱 자명해져야만 하기 때문이다.

그런데 이 의료명령의 목적에 대한 물음은 역사의 과정에서 매우 상이한 결과, 즉 부분적으로는 확장되고 부분적으로는 제한되는 결과로서 나타난다. 내가 보기에 우리는 최근에 들어와서도 이 물음에 관해서 모종의 변혁을 겪는 것처럼 보인다. 물론 가면 갈수록 의사의 임무가 치료 및 통증완화의 의무 외에도 생명유지 및 생명연장의 의무가 중시되는 방향으로 변화하고 있다. 그리하여 빌리 헬파흐Willy Hellpach처럼 매우 중요한 의학자이자 문화정책가는 "의사란 무조건 생명을 유지시키는 자이며, 그렇지 않으면 의사이기를 멈추어야 한다"고 주장했다. 하지만 이와는 달리 유럽평의회는 생명 연장 그 자체를 더 이상 "의료실천의 유일한 목적"으로 볼 수 없다고 선언했다. 나는 참으로 중요한 선언이라고 생각하며, 생명연장 그 자체가 의료실천의 목적이 아니라는 말에 동의한다.

보는 시각에 따라 여러 가지로 해석할 수 있겠지만, 유럽평의회는 이미 오랫동안 이런 선언에만 머물러 있지 않았다. 이유인즉 의학은 자연과학적-기술적 결과에 대한 사고에서 벗어나 자신의 가장 중요한 인간적 과제를 자각하여 인간의 복지에 봉사하고, 의료의 근본목적을 기술적 실행능력이나 개별 기관의 고립적 유지 및 복구에서 찾지 않는 것이 당연하기 때문이다. 생명 자체를 위한 양적-생물학적 생명연장이 아니라 적어도 어느 정도 인간적 자기구현을 가능하게 하는 것이 바로 확고하지만 동시에 제한된 목적인 것이다. 이 목적이 더 이상 이루어질 수 없는 것으로 증명된다면, 지속적인 의학적 노력은 근본적으로 이미 인간을 위한 봉사가 될 수 없을 것이다. 그렇다면 그것은 법적으로도 더 이상 검토해 볼 가치가 없게 된다.

만일 우리가 이로부터 형법적 결과를 도출하고자 한다면, 한편으로는 생명유지의 의무를 확고히 하는 것이 중요하다. 그러나 다른 한편으로 이 원칙적으로 포기할 수 없는 생명유지의 의무는 인간으로 하여금 최소한의 자기구현을 가능하게 하는 것에 초점을 맞출 필요가 있다. 그렇기 때문에 생명유지의 의무는 어느 사람이 모든 **반응능력의 돌이킬 수 없는 상실**로 인하여 계속적인 자기지각과 자기구현의 가능성을 빼앗겼을 때에는 아무튼 끝난다고 보아도 무방하다. 다시 말해 증명할 수 있을 만큼 돌이킬 수 없는 의식의 손상이 일어났을 경우에 생명유지의 의무는 끝난다고 할 수 있다.

스위스에서 있었던 1977년의 안락사에 대한 방향설정이 내가 보기에는 이와 유사한 규정으로 통용될 수 있을 것처럼 보인다. 이에 따르면 환자가 "자기 인격형성과 아울러 의식적이고 환경과 연관적인 삶"을 더는 수행할 수 없다면, 의사는 의료처리를 중단해도 좋다는 것이다. 그럼에도 이와 같은 개념적 정의에 대하여 그것이 너무 모호한 것은 아닌지 생각해 볼 여지가 남는다. 도대체 법의 관점에서 볼 때 "의식적이고 환경과 연관적인 삶"이 더 이상 가능하지 않은 시점을 어떤 식으로 어떤 특정한 의학적 기준에 따라 확정할 것인가 하는 관심이 있을 수밖에 없지 않겠는가? 이 문제에 관한 한 "돌이킬 수 없는 의식의 손상"이라는 것이 중요한 것처럼 보인다. 이런 관점에 따른다면, 의료처리의 중지는 의사의 평가에 따라 환자가 더 이상 의식이 돌아올 수 없다고 판단되는 순간부터 허락될 수 있다.

| 인간품위의 유지 |

인간품위의 원칙이 중요하다는 것은 더 이상 말할 필요가 없다. 하지만 인간품위와 관련하여 나의 태도가 오해된다면 곤란하다. 나는 환자가 의료기구에 의존하는 것이 인간품위를 손상하는 것이라고는 결코 생각하지 않는다. 그것을 품위의 손상이라고 보는 태도가 오히려 문제일 수도 있다고 생각하는데, 왜냐하면 그것이 자칫 전체적인 현대 의학의 흐름을 이전 세기로 되돌릴 수 있기 때문이다.

이보다는 오히려 환자가 어떤 관심의 대상(예컨대 순수 의학적 숙련의 대상)이 된다거나, 아니면 재정적 문제(예컨대 가족 내의 경제적 문제나 특히 미국처럼 환자를 가능한 한 오랫동안 유치하려는 병원 측의 이해관계)로 인하여 생명이 연장될 때가 더욱 문제라고 생각한다. 이런 사례가 발생할 경우 환자는 인간으로서의 가치가 거의 상실된 것이나 마찬가지이다. 이런 식으로 환자가 다른 이해에 의하여 생명연장을 강요당한다면, 의사는 의료처리 중지의 권리뿐만 아니라 의무를 가질 수 있다. 그러므로 이럴 경우 의사는 가족의 무리한 요구까지도 뿌리칠 수도 있다.

| 기술적 의료처리의 중지 |

우리는 이제까지 환자의 전반적인 의료처리 중지에 관해 언급해 왔다. 거기에는 동시에 구체적인 치료중지의 사례가 일차적으로 포함된 것이다. 그러나 결과적으로 이른바 기술적 의료처리의 중지에 대해서도 유사한 원칙들이 통용되어야 한다. 이를테면 의료기구를 떼어냄으로써 환자가 생명의 섬으로부터 나오게 되고, 이에 따라 사망하게 되거나 사망이 빨라지게 되는 경우가 있기 때문이다.

법학자들은 이런 행위를 적극적 행위로 간주할 수 있는지, 그렇다면 과연 그것을 금지해야 할 것인지 허용해야 할 것인지에 대해 논란을 벌이고 있다. 이를 허용한다면 앞서 언급한 의료처리의 중지처럼 동일한 원칙에 따라 유죄가 성립되지 않을 수 있다. 아무튼, 기술적 의료처리의 중지는 그것이 사회적으로 어떤 의미를 지니고 있는가에 달려 있다는 것이 지배적인 견해이다. 의사가 계속해왔던 소생조치를 중단하거나 고도의 기술적 차원에서의 기계적 작업을 그만둘 때에도 마찬가지이다.

적극적 살인행위

의료처리의 중지에 대해서는 이것으로 마치고, 이제는 **적극적 안락사**에 대한 몇 가지 관점들에 대해서 논하고자 한다. 이 문제가 표면화되고 구체화된 것은 스위스 취리히 주에서 적극적 안락사를 어느 범위까지 허용할 것인지 국민투표를 통하여 심의되었던 1977년이었다. 독일 존엄사협회Deutsche Gesellschaft für Humanes Sterben의 적극적인 요구들 또한 취리히의 결정과 유사한 방향으로 흐르고 있다. 그리고 특히 네덜란드의 가장 최근의 법규들은 소극적 안락사는 물론이고 적극적 안락사에서도 갈수록 규제하지 않는 쪽으로 나아가고 있다. 현재 시행되는 독일의 법규에 관한 한 근본적으로 다음과 같은 사례들이 주도적인 흐름이다.

생명단축의 위험을 감수하는 통증완화

적극적 살인행위에 해당할지라도 우선 의사에게 통증을 완화시키는 것이 무엇보다 시급하여 죽음의 위험을 어쩔 수 없이 감수하는 경우는 비교적 문제가 되지 않는다. 물론 이런 **간접적 안락사**indirekte Euthanasie의 사례들은 법적으로 처리하기가 어려운데, 왜냐하면 의사가 자신의 모르핀 투여량이 사망을 재촉할 수 있다는 위험성을 알고 있다면, 그는 법적으로 볼 때 소위 "조건부 의도"를 가지고 있는 것이기 때문이다. 이 때문에 오랫동안 이런 행위가 금지됐었다.

그러나 의사가 무엇보다 환자의 극심한 통증과 직면하여 투여할 진통제 용량이 사망을 초래할 수 있다는 위험성을 알면서도 어쩔 수 없이 투여해야 할 경우, 그리고 투여 전에 환자와 보호자의 실제적인 동의 또는 묵시적인 동의가 있는 경우, 의사는 정당하다는 것이 오늘날 지배적인 관점이다(물론 이런 경우에도 그것이 정당한 위급상황에서 이루어졌는지 또는 "허락받은 위험"으로 다루어질 수 있는지의 쟁점은 남아 있다).

의도된 살인

여기서 극심한 통증을 차단하기 위한 진통제 투여가 죽음을 초래하는 경우와는 아주 다른 사례들이 문제가 된다. 예를 들어 1971년 네덜란드의 여의사 게르투르데 포스트마Gertrude Postma는 완전히 의도적으로 자신의 어머니를 사망에 이르게 했다. 이와 같은 **직접적 안락사** direkte Euthanasie에 대해서는 그것이 독일의 법에서는 허용되지 않는다는 것, 요컨대 이런 경우 형법 216조에 의거하여 적어도 6개월 이상의 형을 받을 수 있다는 것은 요지부동의 사실이다. 고통스러운 환자의 진통을 위해서가 아니라 — 나치스의 무분별한 대량학살에서처럼 — 이른바 살 가치가 없는 생명의 근절과 관련된 경우들에도 당연히 유죄가 성립된다. 우리의 헌법은 삶의 가치에 대한 이런 차별을 단연코 법적으로 용인하지 않는다.

〈B〉 직접적 또는 적극적 안락사의 합법화에 대한 찬반

현행법이 의사를 자신의 확신과 갈등에 빠지게 할 수 있다는 것은 틀림없는 사실이다. 무엇보다 환자가 죽음을 희망하거나 스스로 목숨을 끊으려 해도 (예컨대 마비 상태에서) 그럴 수 없는 경우에는 의사도 심각한 고민에 빠질 수 있다. 반면에 환자에게 필수적인 모든 것을 제거하는 것이 사정에 따라서는 엄청난 고통이기 때문에, 죽음의 방임이 적절치 못하다고 여겨지는 경우에도 그러하다. 그렇다면 어떤 식으로든 필요시에는 환자의 명확한 요구에 따라 안락사를 실행할 권한이 의사에게 주어져야 하지 않을까?

적극적 안락사에 대한 논점들

적극적 안락사의 새로운 규정과 아울러 이에 대한 허용 여부에 관해서는 일견하여 현행법의 완고함이 말을 하고 있는 것 아닌가 생각된다. 물론 적극적 안락사를 허용하자는 주장이 제기되었지만, 그럼에도 현재 우리가 갖고 있는 미묘한 법적 조항들은 너무 임의적이기 때문에 어쨌든 설득력이 부족한 것처럼 보인다.

이런 점은 이미 한편으로는 (무죄가 되는) **자살방조**와 다른 한편으로는 (유죄가 되는) **부탁에 의한 살인** 사이의 대조적인 경계에서 나타난다. 만일 의사가 환자의 자살을 돕기 위하여 병실의 테이블에 과도한 양의 수면제를 놓아둔다면, 그는 자살방조라는 항목에 해당하므로 무죄가 될 수 있다. 반면에 의사가 같은 양을 직접 주사한다면, 그는 형법 제216조에 의거하여 적어도 6개월 이상의 형을 받아야만 하는 것이다. 설령 이런 형법이 실효성이 없다고 가정할지라도, 의사는 이로 인해 그다지 큰 위안은 거의 받지 않게 될 것이다. 여기서 이 두 가지 행동방식의 잘못된 윤리적 내용이 이토록 다른 결과를 정당화할 수 있을 만큼 큰 차이가 있는 것인지 의문시된다.

한편으로 (정당화된) 죽음의 위험을 감수하는 진통제 투여행위와 다른 한편으로 (허용되지 않는) 진통제 투여를 통한 의도된 살인은 의사를 위선에 빠트릴 소지가 많다. 의사는 환자에게 주사할 때 죽음의 위험을 감수하는 것으로 위장하거나 그밖에 정당한 근거를 얼마든지 꾸며낼 수 있기 때문이다.

마찬가지로 **소극적 안락사와 적극적 안락사의 구분** 역시 임의성에서 벗어나기 어렵다. 예컨대 인공호흡기의 제거에서 유무죄의 성립 여부가 단순히 중단한 것이냐 아니면 적극적으로 행동한 것이냐의 구분에 따라 결정되어도 좋은 것일까? 도대체 신속히 죽음에 이르게 하는 주사가 영양공급을 차단함으로써 서서히 죽음에 이르게 하는 것보다 윤리적으로나 법적으로 더 비난받아야 할 행위란 말인가?

안락사와 관련하여 너무 융통성 없는 법 규정에 대한 사회적- 심리적 부정의 결과들이 적지 않게 나타나고 있다. 그 이유는 예컨대 이웃 나라 네덜란드에서처럼 여론의 압력 때문에 1주일의 형량이 선고된다면, 법의지와 판결의 불일치로 인하여 법이 사실적으로는 승인되지 않기 때문이다.

설령 안락사를 허용하자는 요구가 미진한 것이 사실이라고 할지라도, 현행법의 불충분성만은 거론되어야 할 것이다. 실로 "품위 있게 죽을 권리"에 대한 긍정적인 요구가 점점 더 의미심장해지고 있다. 우리가 아직도 자살을 법적으로 수용하지 못하고 그것을 인간 유약성의 절망적 행위로만 받아들였다는 것을 생각한다면, 나는 삶의 태도에서의 코페르니쿠스적 전환은 "자신의 죽음에 대한 권리"를 요구하는 것에 있다고 말하고 싶을 지경이다.

죽음 또한 인격형성과 삶의 일부분으로 파악될 수 있다. 여기에서 죽음이란 삶의 양이라고 할 수 있는 시간차원과 지속성에 의존할 뿐만 아니라, 삶의 질, 다시 말해 인간의 발전가능성에 의존한다는 통찰이 작용하고 있다. 이런 숙고로부터 안락사를 허용할 경우 필히 환자의 자기결정 및 자기실현의 관심이 고려되어야만 하는 것은 아닌지 물음이 제기될 수 있다.

적극적 안락사의 합법화에 대한 반론

이와 같은 요구와 관련하여 여러 가지 견해들이 있을 수 있는 것도 사실이다. 이제 나는 **죽을 권리**라는 핵심적 문제를 거론할 것이다. 그러나 이런 권리라는 것이 도대체 존재하는가 하는 점부터 이미 문제가 있다. 왜냐하면 우리의 헌법학자들 가운데 많은 사람이 말하고 있듯이 생명권을 인정하는 독일의 기본법은 당장에는 생명에 관한 권리를 부여하는 것은 아니기 때문이다. 현재로서는 어쨌든 국가의 입장에서 자살을 존중할 필요가 없는 것이다.

이런 "죽을 수 있는 자유"를 가지고는 적극적 안락사의 토대는 결코 이루어질 수 없다. 왜냐하면 우리는 부탁에 의한 살인을 합법으로 설명하고자 하는 곳에서 '죽을 권리'로부터 **죽음을 당할 권리**가 만들어지고 있다는 것을 명백히 밝혀야만 하기 때문이다. 이렇게 하려는 자는 다음과 같은 문제성을 간과하고 있다. 즉, 죽음을 당할 권리는 필연적으로 당사자 외에 또 한 사람이 연관되어야 하며, 따라서 이런 요구를 인정하게 되면 국가는 누군가에게 살인할 권한을 주는 셈이 되는 것이다.

그러므로 예컨대 스웨덴에서처럼 부탁에 의한 적극적 안락사가 허용될 때에는 국가 또한 이 요구가 이행될 수 있도록 처리계획을 수립해야만 하는 것은 아닌지 이미 논의가 되고 있다는 것은 전혀 놀라운 일이 아니다. 그러나 의사가 이런 역할을 하지 않겠다고 거부해도 그를 탓할 수 없을 것이다. 이 때문에 중도적인 방안, 즉 '죽을 수 있는 자유'를 스스로 실현할 때에 적극적 참여를 통하여 도우려는 사람을 국가가 벌하지 않는 방안이 제시될 수 있다.

그런데 방금 논의된 제한적인 기준들 역시 오남용의 가능성이 남아 있다. 게다가 의사가 이 환자는 살아야 1주일 또는 1개월, 1년이라고 단정적으로 말하기를 꺼리는 것도 문제가 될 수 있다. 그러나 내 생각에 무엇보다 가장 어려운 것은 죽기를 원하는 사람의 실제적 자발성을 어떻게 증명할 것인가 하는 점이다. 요컨대 죽기를 원한다는 표명에는 혹시라도 삶에 대한 마지막 희망의 불씨라도 들어 있는 것은 아닐까? 아무리 임종을 앞둔 말기환자라 할지라도 희망과 포기의 이중감정이 시시각각 작용하는 것은 아닐까? 고통에 빠진 환자가 과연 자유로운 결단을 내릴 수 있는 것일까? 외부의 압박을 견디지 못한 것은 아니었을까?

이에 대해 어떤 사람들은 적어도 결정적 행위의 시도 30일 전에 동의한다는 문서를 작성함과 아울러 증인이 출석한 가운데 서명함으로써 잘못되는 것을 방지할 수 있다고 생각한다. 그런가 하면 심지어 위원회를 결성하자는 주장도 나오고 있다. 그러나 안전을 도모하려는 이런 노력이 환영을 받기 위해서는 무엇보다 "품위 있는 죽음"과 자기존재의 최종적 구체화가 오히려 정반대의 나쁜 방향으로 흘러가지 않도록 병실의 분위기를 배려하는 것이 바람직할 것이다.

그러나 이 모든 실제적 문제를 넘어서서 우리는 중대한 사회정치적 결과를 신중하게 고려해 보아야 한다. 이를테면 살인의 금기에서 어떤 예외조항이 만들어진다면, 다른 모든 금기가 한꺼번에 무너져 버릴 위험성도 있게 된다. 물론 우리는 누군가가 자발적 안락사freiwillige Euthanasie의 허락을 가지고 동시에 비자발적 안락사Unfreiwillige Euthanasie(역주: 환자 자신의 동의가 아니라 가족이나 국가의 요구에 따르는 안락사)의 첫 행보를 시작하려 한다고 섣불리 간주해서는 안 될 것이다.

그러나 정작 여러 저서들― 러트 러셀Ruth Russel의 『죽을 수 있는 자유Freedom to Die』(1975)라든가 마빈 콜Marvin Kohl의 『은혜로운 안락사Beneficient Euthanasia』(1975) ― 에서는 엄밀히 말해 이미 비자발적 안락사를 지지하면서도, 표면적으로는 자발성의 구조로 장식되어 있다는 것을 우리는 적어도 생각해볼 필요가 있다. 예컨대 러셀이 정신분열증 어린이들이나 노쇠한 사람들의 안락사를 허가해도 좋은 것으로 보고 있다면, 이런 경우 우리는 어떻게 죽음에 대한 "자유로운 결정"을 운운할 수 있겠는가? 더구나 "자발적 안락사voluntary euthanasia"가 "비자발적 안락사involuntary euthanasia"와 동일해지고, 이 언어의 괴물이 그저 자발적 안락사로 은연중에 단순화된다면, 참다운 인간 문제는 언어유희에 의해 사라지게 될 위험에 처할 것이다. 그렇다면 "은혜로운" 죽음은 누구를 위한 것인가? 당사자를 위한 것인가, 아니면 근본적으로 주변 사람들만을 위한 것인가?

내가 보기에는 무엇보다 안락사의 허용에 따라 언젠가는 **생명보호의 불가침원칙**이 깨어지거나 약화될 수 있다는 것이 가장 큰 문제라고 생각된다. 왜냐하면 안락사의 처리권한이 커질수록 생명은 동시에 불가침성을 더 상실할 수 있기 때문이다. 타부의 경계가 언젠가 깨어지게 될 것이라면, 무엇 때문에 생명은 안락사가 아닌 다른 경우들에는 마음대로 처리될 수 없는가? 무엇 때문에 인간이 스스로 자신을 포기할 때에만 생명의 처리가 가능한가? 사회적으로 무용하거나 짐이 되어 버린 사람이 가족이나 사회로부터 버림받지 않도록 어떤 요구가 관철되어야 하는가? 이 죽음에 대한 자유는 결국은 삶에 대한 부자유로 변질될 수 있는 것은 아닌가?

안락사의 허용이 뿌리 깊은 **사회적 태만**에 대한 알리바이가 될 수도 있을 것이라는 의구심이 끝까지 사라지지 않는다. 의학에서 통증치료 분야가 우리 시대에 들어와 이토록 엄청난 발전을 보인다는 것을 감안할 때, 하필이면 오늘날 안락사 허용에 대한 요구가 특별히 목소리를 높이고 있다는 것은 매우 역설적인 것처럼 보인다. 그 이유로 오늘날 우리가 한편으로는 점점 더 노령화의 추세에 있는데 반해, 다른 한편으로는 사회에서의 우리의 기능이 너무 일찍 상실되고 있다는 점을 들기도 하는데, 이는 매우 설득력 있는 설명이다. 이로 인해 "사회적 죽음"이 심리적 죽음보다 훨씬 앞서 찾아오는 것이 통례가 되어 버렸다. 그리고 이로 인해 더 오래 산다는 것이 마치 의미를 상실한 것처럼 되어 버렸다.

그러다 보니 많은 사람들은 자신들의 종말만을 기다릴 따름이다. 그들은 종종 공동체 밖에서, 때로는 양로원이나 병원에서 비인간적으로 살아가며 죽음만을 기다린다. 그들은 죽음을 사적으로 받아들이는 가운데 글자 그대로 외롭게 "사망"을 향해 다가간다. 그러나 그들이 찾으려는 것이 정말 이런 것일까? 어쩌면 그들의 태도는 아무렇게나 방임되는 노인들에게 불친절한 사회의 태만에 대한 절망적 항거 또는 도피가 아니겠는가? 사회가 안락사의 허용을 통하여 자체의 태만을 감추려 한다면, 그것은 정말 심각한 상황이 아니겠는가?

나는 이런 물음을 통하여 동정심의 동기를 고려하여 모든 면에서 쟁점화되는 부분을 희석하려는 것이 아니다. 문제는 우리가 앞으로 나아가야 할 방향이다. 예컨대 국내외로부터 여러 분야의 전공학자들이 참석한 1975년 빌레펠트에서 개최된 〈인간 및 사회학적 문제로서의 자살과 안락사〉라는 학술토론회는 나에게 대단히 큰 감동을 주었다.

여기서 당시에 적극적 안락사의 옹호자인 스웨덴의 학자 게르하르트 심손Gerhard Simson도 토론회의 마지막에는 "생명보호의 의무가 정체되는 것을 원치 않는다면, 국가는 적극적 살인을 합법적인 것으로 선언할 수 없다"는 점을 인정할 수밖에 없었다. 그럼에도 그의 주장은 법에서 동정심의 동기를 고려해야 한다는 것을 분명히 하고 있었고, 이런 면에서 진지한 토론의 가치와 성과가 있었다. 요컨대 유죄판결의 경우에도 동정심의 동기에 따라서는 사면될 수도 있다는 것이다.

그러므로 나는 두 가지 관심이 동시에 고려될 수 있다고 생각한다. 즉, 한편으로 국가는 생명체에 대한 적극적 살인이 결코 합법적인 것으로 선언될 수 없다는 것, 따라서 유죄판결이 포기되어서는 안 된다는 것을 강조할 수 있을 것이다. 그러나 다른 한편으로 환자의 요구를 이행하는 의사는 동정심의 동기가 매우 강할 수 있으며, 이럴 경우 주관적 근거에 따라 형벌이 면제될 수도 있다는 점이 인정될 수 있을 것이다.

안락사를 위한 새로운 법률안

앞서 거론되고 제안되었던 것 가운데 많은 것은 현재 법적으로 불확실한 토대 위에서 계류 중이다. 이 때문에 〈형법과 의학 분야의 교수 공동연구회〉는 1986년 슈투트가르트에 모여서 "안락사에 관한 대안적 법률안"에서 오늘날까지도 통용될 수 있는 안락사 형태들의 법적 투명성을 이끌어내려고 시도한 바 있었다. 바로 이 법률안을 내가 이 책에 본질적으로 옮겨오면서 개요를 대략 설명하였기에, 나는 이제 그 목적과 기본사고를 요약하고 있는 다음과 같은 표제들을 제시하는 것으로 만족하려고 한다.

— 모든 관련자들에 대한 법적 투명성의 창출
— 가능한 한 포괄적이면서도 그 자체로 타당성 있는 법 규정의 시도
— 연명의 강요 없는 생명보호의 확보
— 생명의 가치에 대한 모든 차별화의 배척 및 생명보호의 존엄성 제고

— 극심한 통증을 차단하기 위한 노력

— 규정원칙으로서의 당사자의 자기결정

— 죽도록 돕는 것보다는 편안한 죽음을 맞이하도록 돕는 것의 중요성

— 당사자의 의지에 반한 구조의무의 한계 및 자기책임에 의한 자살의 존중

— 책임감이 의심되면, 우선으로 생명보존의 중시(in dubio pro vita)

— 부탁에 의한 살인의 원칙적 처벌 고수

— 객관적인 결정기준에 의사재량권 적용

— 죽기를 바라는 환자의 요구에 따르기를 거절했을 경우 범죄로 확정 짓는 것의 포기

(상기 공동연구회의 새로운 법률안은 "생명침해의 범죄행위"에 관한 형법 제16장을 다음과 같은 내용으로 보완할 것을 제안하고 있다).

〈제214조〉 생명유지 조치의 철회 또는 중지

〈1〉 생명유지 조치들을 중단 또는 중지하는 자는 다음과 같은 때에는 법을 어겨서는 안 된다.

1. 당사자가 이를 명확하고 진지하게 요구할 경우

2. 의사의 판단에 의거하여 당사자가 의식을 이미 돌이킬 수 없을

만큼 상실했을 경우

3. 의사의 판단에 의거하여 당사자가 치료의 수용 내지 속행 여부에 관하여 설명하지 못하고, 또한 신뢰할 만한 기준점에 입각하여 절망적 고통의 지속 및 특히 임박한 죽음을 고려할 때 당사자가 치료를 거부하리라는 것을 가정할 수 있는 경우

4. 당사자의 고통상태와 치료불능을 고려할 때 죽음이 임박해 있고, 의사의 판단에 의거하여 생명유지 조치들의 수용 내지 속행 여부가 더 이상 표명되지 않는 경우

〈2〉 제1항은 당사자의 상황이 자살시도에 기인하는 때도 통용된다.

〈제214a조〉 진통의 조치들

의사 또는 의사의 전권을 가진 자로서 불치병 중환자의 명확한 또는 추측 가능한 동의에 따라 중대한 고통상태의 진정을 위한 조치와 마주친 자는 이를 통해 피할 수 없는 부작용으로 사망이 더욱 신속해질지라도 법을 위반해서는 안 된다.

〈제215조〉 자살방지의 중단

〈1〉 타인의 자살방지를 중단하는 자는 자살이 자기책임에 의한 명확히 설명되는 결정이거나 또는 정황으로 보아 인식 가능한 진지한

결정에 근거한다면 법을 위반해서는 안 된다.

〈2〉 타인이 아직 18세 이하이거나 또는 그의 자유로운 의사결정이 형법 제20조, 제21조에 의거하여 침해되었다면, 이런 결정은 받아들여져서는 안 된다.

〈제216조〉 부탁에 의한 살인

〈1〉 죽은 자의 명확하고 진지한 부탁에 따라 살인을 했다면, 그것은 6개월에서 5년까지의 자유형에 처할 수 있다.(불변)

〈2〉 살인이 당사자가 더 이상 참을 수 없을 만큼 극심하고 다른 조치로는 해결되거나 완화될 수 없는 고통의 상태를 끝내는 데 도움이 된다면, 법정은 제1항의 전제 하에서 죄를 사면할 수 있다.

〈3〉 미수는 유죄에 해당한다.

이 제안들은 이미 1986년 베를린에서 개최된 독일 법률가대회에서 대단한 주목을 받았다. 이 대회에서 참가자들은 —부탁에 의한 살인의 경우 죄의 사면(형법 제216조 2항)을 제외하고—다른 모든 제안들은 입법화하지 않기로 결정했다. 그러나 이렇게 결정한 이유는 이 대안적 법률안들이 받아들일 수 없어서가 아니라, 오히려 이 제안들이 이미 지배적인 견해에 해당하는 동시에 법정에서도 실제로 거의 적용되고 있었기 때문이다. 아무튼, 이런 관점에 본다면 대안적 법률안은 실제로 상당히 가치 있는 법적 표명으로 이해될 수 있다.

끝으로 나는 법학자로서 형법이란 본질적으로 가능한 오남용을 방지하기 위한 최종적 제어장치일 수 있다는 것을 강조하고자 한다. 그러므로 시대가 요구하는 필요성을 적절히 법적으로 정당화하기 위해서는 우선적으로 사회정치적 환경이 정화되어야 할 필요가 있다. 마찬가지로 병원의 경영자뿐만 아니라 환자의 가족들도 당사자가 죽음을 자기구현의 일부로서 체험할 수 있도록 한층 더 노력해야 할 것이다. 이렇게 한다면 아마 "조작된 죽음" 따위는 저절로 사라지게 될 것이다.

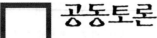

공동토론

참석자: 알빈 에저, 발터 옌스, 한스 큉, 디트리히 니트하머

*1996년 튀빙겐 대학교에서 나와 발터 옌스(튀빙겐 대학교 수사학 교수), 알빈 에저(프라이부르크 대학교 형법학 교수, 막스 플랑크 연구소 민족법 연구주임), 디트리히 니트하머(튀빙겐 대학교 소아과 교수 및 과장) 사이에 있었던 다음의 토론은 문서적인 가치가 있어서 이 책에 그대로 기록되었다. 무엇보다 이 토론이 있은 뒤 법학적이고 의학적인 논의가 계속 발전됨으로써, 2008년도에는 이와 연결된 나의 안락사에 대한 〈20 논제들〉이 나오게 되었다.

한스 큉: 안녕하십니까, 학생 및 신사숙녀 여러분 그리고 토론자 여러분! 이 강당에 계신 분들은 어느 누구도 의학자와 법학자 두 분이 앞서 기고한 글에 감동을 받지 않은 사람이 없을 것입니다. 나는 먼저 디트리히 니트하머 교수에게 〈품위 있는 죽음〉에 관하여 기고해 주신 데

대해 감사의 말씀을 드립니다. 나는 교수님의 높은 책임의식과 솔직한 태도를 이미 알고 있었고, 이것이 교수님을 이 토론회에 초대한 이유이기도 했습니다. 물론 니트하머 교수의 견해가 나 또는 발터 옌스 교수와 완전히 일치하지 않을 수 있다는 것도 알고 있었습니다. 그러나 여러분도 그동안 분명히 깨달았던 것처럼 우리는 아마 처음처럼 그렇게 큰 편차를 보이지는 않을 것 같습니다.

니트하머 교수님이 죽어가는 아이들에 관하여 말한 그 모든 것은 당연히 나의 심금을 울렸습니다. 교수께서 환자와의 대화에 관하여 말한 것 또한 나의 심금을 울렸는데, 이는 물론 젊은이들뿐만 아니라 노인들에게도 마찬가지로 통용됩니다. 끝으로 나의 심금을 울린 것은 교수께서 의학에 관하여 비판적으로 언급한 내용이었습니다.

아무튼, 우리에게는 죽음의 문제에서 윤리적으로 책임감 있는 길을 찾아내는 것이 중요한 과제입니다. 이런 전제에 따라 이제 연단에 서 있는 의학자, 법학자, 문예학자, 신학자인 우리 네 사람은 일단 윤리적으로 무책임한 것에 대해서는 반대하는 동일한 자세를 취하고 있습니다. 나는 신학자로서 의학자나 법학자와는 뭔가 상반되는 견해를 갖고 있다고는 생각하지 않습니다. 하지만 서로에게 입장의 차이는 분명히 있는 것 같습니다. 지난주에 어느 의학자는 나에게 이렇게 말했습니다. "적극적 안락사에 대한 나의 입장과 관련하여 내가 개인적으로 교수님께 한 말을 어떻게 공개적으로 밝히겠습니까? 그러면 나는 즉시 고발을 당하고, 신문에도 대문짝만 하게 나올 것이고, 정말이지 어쩌면 법정에 서게 될지도 모릅니다."

실존의 문제들을 논의하고 의식의 변화를 이끄는 것은 의학자든 의학자가 아니든, 법학자든 법학자가 아니든 전혀 상관없습니다. 그리고 이런 일을 하는 사람들의 입장과 관심은 제각기 다를 수가 있습니다. 여기서 나의 관심은 오로지 불치병 환자를 돕고, 아울러 의학과 법학으로 하여금 적극적 안락사의 문제에서는 항상 발생하는 모종의 타부를 제거할 수 있게 하는 일입니다. 그렇다고 내가 모든 타부의 철폐를 주장하는 것은 진실로 아닙니다. 나는 윤리적 태도를 위하여 싸우고 있으며, 이제 윤리적 물음들이 공개적으로 논의되어야 할 차례입니다.

니트하머 교수님, 그러면 나는 의학과 관련된 우리의 동의를 우선 교수님이 제기한 네 가지 물음과 관련하여 간략하게 요약해 볼 수 있겠습니다. 첫째, 우리는 많은 사람들이 도구의학의 지배에 대하여 공포를 갖고 있다는 점에 전적으로 견해를 같이합니다. 교수님은 이 공포의 근거를 비인간적 의료처리의 관점에서 파악했습니다. 우리 사이에 하는 말이지만, 이런 점은 논란의 여지가 없습니다. 우리가 알고 있는 병원들의 의료현실은 개선될 부분이 아주 많기 때문입니다.

당연히 교수님의 두 번째 물음과 관점에 대해서도 나는 동의합니다. 실제로 우리는 병원에서 일어나는 현재 상황에서의 잘못을 오로지 의학에만 돌릴 수는 없는 것입니다. 그것은 전체 사회의 문제이기도 합니다. 오늘날 환자들이 병원에서 종종 비인간적인 방식으로 죽고 있다면, 그것은 우리 모두의 책임입니다. 찾아올 여유가 있으면서도 임종환자를 찾지 않는 주변 사람 누구나가 책임이 있습니다. 모두에게 책임이 있다는 것은 의문의 여지가 없습니다. 의학에 책임을 전가하는 것은 너무 단순합니다.

세 번째 물음은 부탁에 의한 살인, 즉 적극적 안락사가 유일한 탈출구인가 하는 것이었습니다. 이 문제에 대해서도 나는 즉각 교수님의 견해에 동의하고 싶습니다. 하지만 나와 발터 옌스 교수가 "적극적 안락사, 그것뿐이다!"라는 표어에 따라 여기서 강연을 계속했던 것은 아닙니다. 그것은 우리의 목적이 아니었습니다. 그러므로 이것이 유일한 탈출구라는 식의 이념을 고집하지는 않을 것입니다. 교수님이 어린이들의 구체적 안락사의 예를 가지고 설명한 모든 것에 나는 공감하고 있습니다. 아울러 의사는 이른바 소극적 안락사와 관련하여 환자가 관심을 갖는 모든 것을 해야만 한다는 견해에 관하여 아무튼 우리 사이에는 이견이 없었습니다.

그러나 한 특정한 사례에서 니트하머 교수님은 진통을 위해서라면 임종환자인 어린이에게 과도한 양의 모르핀을 투여하여 사망에 이르게 하는 것에 대해서도 꺼리지 않는 것 같았습니다. 바로 이것이 우리의 토론에서 첨예하게 대두되는 핵심적 문제입니다. 이렇게 해도 좋은 것인가? 아니, 사정에 따라서는 이렇게 해야만 하는 것일까? 환자의 요청(또는 대리인의 요청)에 따라 이렇게 할 수 있는 것일까? 이와 같은 물음이 여기서 논의되어야만 하는 결정적인 사항들입니다.

네 번째 물음인 생명유언장에 관한 한 나는 견해를 달리합니다. 의사들만이 죽음에 대해 알고 있고, 다른 사람들은 그저 들어서 알거나 미디어를 통해 정보를 갖고 있다고는 생각하지 않습니다. 그리고 가족의 품에서 서서히 죽어가는 사람들도 적지 않습니다. 가족과 화합하여 심지어는 90까지 사는 사람들도 있습니다. 그런가 하면 노인처럼 오랫동안 앓거나 식물인간의 상태로 살다가 세상을 하직하는 젊은이들도 있습니다. 바로 여기에 진지하게 논의하여야 할 물음들이 제기되는 것입니다.

예컨대 아주 특정한 사례의 경우 의사가 고통을 제거하기 위하여 규정된 것보다 더 많은 양의 모르핀을 투여할 수 있다면, 그것은 근본적으로 내가 주장하는 바와도 다르지 않습니다. 그것은 발터 옌스 교수가 지그문트 프로이트와 그의 주치의의 예를 들어 제기했던 문제와도 다를 바 없습니다.

생명유언장에 관해서 우리는 추후에 법학자와 얘기를 나눌 수 있겠습니다. 아무튼 나는 이런 "유언장"을 무조건 존중해야 한다고 생각합니다. 의사라 할지라도 존중해야 합니다. 유명한 스위스의 법학자 막스 켈러Max Keller는 생명유언장에 관하여 다음과 같이 자신의 소견을 밝혔습니다. "생명유언장은 법적으로 허용된다. 그것은 수취인에게도 구속력을 지닌다. 의사는 생명유언장이 환자의 실제적이고 확고한 의지와 부합되지 않는다는 것을 증명할 수 있을 때에만 그것을 거부해도 좋다. 환자의 가능하거나 또는 가설적인 의지는 고려될 수 없다. 생명유언장의 처리자는 그것이 고려될 수 있도록 제삼자에게 (의지집행자의 의미에서) 위임할 수 있다. 위임받은 자는 생명유언장을 실행할 수 있다. 담당의사는 전권대리인에게 의료상의 비밀을 누설할 수 없다."

이제는 프라이부르크 대학교에서 형법학을 강의하는 알빈 에저 교수에게 법학자들 사이에서 논란이 되고 있는 문제들을 상세히 제시해 준 보고서에 대해 감사드립니다. 에저 교수께서는 이 보고서에서 죽음 내지 사망과 관련하여 법과 판결 사이에 모순이 존재한다는 것을 일목요연하게 알려주었습니다. 예를 들어 무엇보다 의사가 환자의 테이블에 죽음의 약봉지를 놓아두기만 한다면 무죄인 데 반해, 그가 동정심에 의하여 죽음의 주사를 놓는다면 그것은 유죄이며, 심지어는 중형을 받을 수도 있다는 점을 지적한 바 있습니다. 그것은 참으로 모순이 아닐 수 없습니다.

안락사와 관련하여 아직도 해결되지 않은 수많은 문제가 있다는 사실은 논란의 여지가 없습니다. 소극적 안락사와 적극적 안락사 사이의 경계가 불분명하고, 이 불분명한 경계는 어떻게 해볼 도리가 없는 것이 현실입니다. 물론 나는 에저 교수께서 적극적 안락사에 관하여 언급했던 여러 근거를 매우 중시할 것입니다. 나는 이미 나의 보고서에서도 〈법과 윤리의 긴장영역〉이라는 교수님의 논문을 인용한 바 있습니다.

그러나 나는 동시에 나의 보고서에서 적극적 안락사 반대의 몇몇 근거들에 대해서도 논박했습니다. 소위 금기들의 "일시적 붕괴"는 매번 법의 개정을 저지하려는 방편으로 제기되었고, 이럴 때면 피임약의 "오남용" 문제도 동시에 대두되곤 했습니다. 물론 구체적 법의 결정을 통하여 실제적 오남용을 제한하고, 그럼으로써 금기들의 일시적 붕괴를 방지하는 것은 법학자의 일이라 하겠습니다.

나는 개인적으로 다음과 같이 말하고자 합니다. 첫째, 환자의 의지를 조사하기 위한 심의기구가 필요하다고는 생각하지 않습니다. 네덜란드의 사례를 보게 되면 의사는 그것을 혼자 결정하는 것은 아니지만, 그렇다고 어떤 심의기구를 필요로 하는 것은 아닙니다. 이런 경우 의사는 어떤 것도 혼자서 해서는 안 됩니다. 지속적으로 변함없는 환자의 의지가 확증되어야 하기 때문입니다. 이를 위해 병원을 담당하는 사제와 간호사가 의사와 함께해야만 합니다. 이런 연후에야 결정이 이루어질 수 있습니다. 심의기구가 아니라 하나의 협의체가 필요합니다.

둘째, 어떤 의사도 양심의 가책을 느낄 수 있는 그 무엇을 하도록 강요를 받아서는 안 될 것입니다. 나 역시 이 점에서는 교수님과 같은 생각입니다. 다시 말해 의사가 적극적 안락사를 실행하도록 강요를 받아서는 안 될 것입니다. 예컨대 나는 품위 있는 죽음을 원하지만, 내가 타인에게 (심지어 국가에) 그것을 강요할 수는 없을 것입니다.

법학자에게는 이와 유사한 다른 사례가 생길 수 있습니다. 어느 여성이 특정 조건에 따라 낙태의 권리를 가지고 있습니다. 그러나 그것이 특정 의사가 낙태를 실행해야만 한다는 것을 의미하는 것은 아닙니다. 그렇습니다, 어떤 경우에도 나의 권리가 타인에게 의무가 될 수는 없습니다. 생명유언장 역시 특정한 타인을 통한 살인의 요구를 근거로 할 수는 없습니다. 하지만 의사가 상황에 따라서는 "나는 그것을 할 수 없지만, 도움이 될 만한 다른 의사를 나는 알고 있다"라고 말할 수는 있을지 모르겠습니다.

생명의 불가침성, 아니 좀 더 정확히 말해 생명보호의 상대성이라는 문제에 관하여 우리는 논란을 가질 필요가 없을 것 같습니다. 이 문제에 관해서는 법학적으로나 도덕신학적으로 우리 사이에 이견이 없다고 여겨집니다. 전통적 가톨릭의 도덕신학조차도 생명의 불가침성이 결코 제한 없이 통용되는 것은 아니라는 것을 표명해 왔습니다.

언제나 세 가지 예외가 전제됐습니다. ① 생명의 불가침성은 개인의 정당방위의 경우에는 통용되지 않습니다. ② 민족의 집단적 정당방위, 요컨대 방어를 위한 전쟁의 경우에는 통용되지 않습니다. ③ 현재는 여러 국가에서 철폐되고 있지만, 사형의 경우에는 통용되지 않습니다. 그러므로 우리는 이런 점, 다시 말해 생명의 불가침성은 절대적인 권리가 아니라 개별적 사례에 따라 달라질 수 있는 상대적 권리라는 점에서 아마 일치한다고 볼 수 있겠습니다.

적극적 안락사는 오남용 될 소지가 있다는 것을 나 자신도 마찬가지로 강조한 바 있습니다. 적극적 안락사에서는 입법과 판결에 문제가 있으며, 오남용 가능성도 애초에 여기에서 생겨나는 것으로 볼 수 있습니다. 이와 관련하여 나는 가능한 한 제한적인 법률에 찬성합니다. 그러나 이렇게 하려면 먼저 윤리적인 기본문제가 해결되어야 합니다. 가령 어떤 사람이 이루 말할 수 없을 만큼 비참한 상태에 빠져서 "나는 더 이상 살 수가 없고, 이제는 죽고 싶을 뿐이야"라고 말한다고 합시다. 그렇다면 기독교인의 시각에서 볼 때에도 그에게는 안락사를 바라는 그의 소망이 존중되어야 할 권리가 있는 것은 아닐까요? 어쨌든 나는 이런 견해를 원칙적으로 고수하고자 합니다.

기독교인으로서 나는 나의 삶에 대한 책임을 하느님께 선사 받은 것으로 보고 있으며, 이 책임은 삶의 시작에서부터 종말까지 유효하다고 생각합니다. 여기 수없이 많은 인간에게 "어떻게 하면 편안하게 죽음을 맞이할 것인가" 하는 물음이 주어져 있다는 사실을 오늘날 그 누구도 부인할 수 없습니다. 무엇보다 실제로 고통이 도저히 견디기 어려울 때가 문제가 됩니다. 내가 이런 상황에 놓이게 된다면, 나는 당사자로서 죽음의 시점뿐만 아니라 죽음의 방법 및 방식을 스스로 결정할 권리를 요구할 것입니다. 그리고 만일 어떤 의사나 의료전문가가 내가 선택한 방식대로 나를 돕는다면, 나는 즐거워할 것입니다.

발터 옌스: 오늘 진행되는 논의는 10년 전만 해도 불가능했던 금기의 지대를 지나가고 있다는 것을 우리는 먼저 분명히 해두어야 하겠습니다. 우리에게는 이제 다음과 같은 물음들이 제기되는 시점에 이르렀습니다. 요컨대 죽음이라는 문제에서 인간은 자율성을 가질 수 있는 것일까요? 그렇지 않다면 누가 죽음을 규정하거나 처리하고 결정합니까? 죽음을 앞둔 환자가 더 이상 결정능력이 없다고 하여 국외자가 그에게 금치산 선고를 내리거나 그 이상의 문제를 결정할 권리가 있는 것일까요?

이른바 선의지를 가진 사람은 이런 사람들의 의지를 무시해도 좋을까요? 울리히 브레커는 1797년 3월 그의 일기에서 이렇게 말합니다. "아마도 성서학자들과 바리새인들은 삶과 죽음의 지배권을 하느님께 맡겨야 한다고 내게 말할 것이다. 그러나 하느님께서는 그분의 목적을 모든 인간에게 부여하셨다." 아주 사적이지만 나 자신의 종말과도 연관되는데, 자살한 시인 체사레 파베세Cesare Pavese는 인간이 "죽을 수 있는 대신에 죽음을 당해야만" 하는가라고 묻고 있습니다.

　계속 물음을 제기하건대, 나는 조롱거리가 되어 죽는 대신에 자기 결정에 의한 죽음을 맞이하면 안 됩니까? 이런 물음이 가능한 이유는 나는 타인의 "대상"이 아니라 "나"이며, 나무토막이 아니라 생각하는 존재, 꼭두각시가 아니라 심신은 약해도 자존심이 있는 인간이기 때문입니다.

　그러나 이것이야말로 우리 모두에게 가장 결정적인 물음인데, (허용되고 있는) 소극적 안락사가 어느 선까지 소극적 안락사이고, 적극적 안락사는 어느 선까지인지 그 경계를 확실하게 말할 수 있습니까? 현재로서는 적극적 안락사가 인정되기에는 정말 어려운, 아니 거의 불가능한 상황입니다. "내가 기계를 떼겠습니다." 이런 말은 이미 드라마틱하지 않습니까?

　애매모호한 경우가 너무 많습니다. "내가 병실의 테이블에 치명적인 약을 놔두겠습니다." 이렇게 계획된 행동은 연명치료를 하지 않는 것과 거리가 먼 것입니까? "내가 많은 양의 모르핀이 들어 있는 주사를 놓아 환자가 영원히 안식에 들어가도록 돕겠습니다." 이 경우에는 적극적 안락사입니다. 그런데 "환자 스스로 약을 먹도록 내가 약을 준비해 두겠습니다." 이 경우에는 소극적입니까, 적극적입니까? "나는 환자의 희망에 따라 약물을 마시도록 그의 손에 넘겨줍니다." 이것은 소극적입니까, 적극적입니까?

　인간성이 한계를 보이는 지대에서 우리는 어떻게 해야 할까요? 누가 그 근거와 전제, 관점 등을 결정해야 할까요? 이는 참으로 조심스럽고 불분명한 문제입니다. 그러나 한 가지는 확실합니다. 니트하머 교수께서 제기한 바와 같이 모든 것은 임종의 자리에서 의사와 환자의 협동, 두 부류의 인간 사이에 맺어지는 공동의 노력에 달렸습니다. 한쪽은 요청하고, 다른 한쪽은 허락합니다. 한쪽은 도움을 받고, 다른 한쪽은 도움을 줍니다. ―이렇게 돕는 사람에게도 제삼자의 도움이 필요해지는 때가 올 것이며, 마찬가지로 이 제삼자에게도 네 번째의 조력자가 필요해질 때가 있다는 것을 의식하면서 말입니다.

이와 같은 관계에서 이상적인 의사는 가장 위중한 순간, 최후의 순간에서도 환자에 대한 정확한 지식에 입각하여 그의 상태를 알려주고 "내가 도와 드리겠습니다"라고 말하는 의사입니다. 이상적인 의사는 언제 진실을 말해야만 하고, 언제 그것을 감추어야 하는지를 알고 있는 사람입니다. 우리는 과거에 뢴트켄 검사를 마친 후 환자인 테오도르 슈토름에게 암종Carcinom이라는 진단결과를 알려주고는, 다시 선의로 그 결과를 번복한 의사를 칭찬해도 좋을 것 같습니다. 의사는 "이것으로 끝장이요"라고 말하면, 환자가 더 이상 살아갈 생각을 하지 않으리라는 것을 알고 있었습니다. 이 때문에 의사는 "오진"이었다고 말했습니다. 의사의 판정을 들은 슈토름은 곧바로 서재로 돌아가, 병이 그의 작업을 제한했음에도 불구하고 마침내 〈백마의 기수〉라는 걸출한 작품을 완성했습니다. 이 무렵 고통이 심해진 환자에게 모르핀 투여가 훨씬 강화되었습니다. 하지만 사경을 헤매던 슈토름은 의사들의 도움 없이 죽었습니다. 그는 1888년 7월 4일 오후 5시 이후로는 병실에 홀로 남아 있었습니다. 그를 도와줄 막스 슈르와 같은 의사가 없었던 것입니다.

고통받는 환자에게 죽음의 모르핀을 투여한 바로 막스 슈르와 같은 의사가 우리 모두에게 필요합니다. 나는 다시 한 번 강조하겠습니다. 품위 있는 죽음을 위해서만이 아니라, 최후의 날을 침착하게 대비함으로써 가능해지는 품위 있는 삶을 위해서 나는 막스 슈르와 같이 용기 있는 행위를 범죄로 보는 것에 반대합니다. 품위 있게 죽도록 도와주는 행위가 범죄라는 것은 타당하지 못하며, 따라서 이에 대한 정확한 법 규정이 생겨야 한다고 생각합니다.

디트리히 니트하머: 옌스 교수님이 방금 이야기하고 또한 앞서 보고서에서도 거론했던 것을 통하여 죽음이란 개인적 사건이라는 것이 명백해졌다고 봅니다. 인간은 누구나 자신만의 삶을 살아가듯이 자신만의 죽음을 맞이합니다. 그런데 옌스 교수께서 제시한 사례들은 너무 다양하고 개인적이어서 나는 그것과 관련된 법 규정에 대해서는 생각할 엄두가 나지 않습니다.

내가 아는 바로는 테오도르 슈토름을 치료한 의사는 그의 친구였습니다. 그는 치명적인 병의 사실을 숨겨야만 슈토름이 더 살 수 있다는 것을 알고 있었습니다. 만일 "여보게 친구, 솔직히 말하지만 자네는 죽게 될 걸세. 부디 사실을 그대로 받아들이게"라고 말했더라면, 그는 분명히 좋은 의사가 아니었을 것입니다. 조금 더 보충하자면, 프로이트는 언젠가 끊임없이 자신의 죽음을 생각하는 사람은 없다고 말한 적이 있습니다. 각 개인이 어느 시점에서 어떻게 죽음을 받아들이는가

하는 것은 틀림없이 그 자신의 삶의 경험에 달렸습니다.

퀑 교수님, 나는 우리 사회에서 죽음을 피부로 체험한 사람들이 그렇게 많다고는 생각하지 않습니다. 실제로 우리는 모두 TV와 신문을 통해 죽음에 관해 충분할 정도로 경험해 왔습니다. 그리고 우리는 누구나 친척이나 친구들 가운데 죽는 사람들이 있다는 것은 당연한 일입니다. 그러나 얼마나 많은 사람이 실제로 임종의 자리에 참석하여 죽음의 참모습을 보고 느꼈는지는 나로서는 알기 어렵습니다. 교수님이 지적한 바와 같이 오늘날 노인의 숙환이나 식물인간 상태가 어떤 것인지를 알지 못하는 젊은이가 거의 없다고 한다면, 그것은 한 측면입니다. 하지만 죽음에의 동반자 역할이란 전혀 다른 것이고, 아마도 결정적인 측면이 아닌가 싶습니다. 알빈 에저 교수께서 말하기 전에 끝으로 한 가지만 더 거론하겠습니다. 우리가 서로 다른 견해들을 지나치게 통합하려고 해서는 안 될 것입니다. 우리 사이에도 뚜렷한 이견이 나오고 있는데, 나는 그것을 존중하려고 합니다.

다시 되풀이합니다만, 환자에게 죽음을 요구할 권리를 부여하는 법 규정은 의사가 그것을 따르든 아니든 의사를 엄청난 도덕적 압박감에 시달리게 할 것입니다. 의사가 환자에게 책임감을 느낀다 해도, 의사가 죽음의 요구만은 따를 수 없다면 어쩌겠습니까? 의사는 환자를 위해 올바른 길을 찾아내려 하는데, 환자에게 죽음을 요구할 권리가 있다면, 이는 참으로 난처한 상황입니다. 이에 대해서는 알빈 에저 교수께서 상세히 설명할 수 있을 것 같습니다.

알빈 에저: 여러분의 좋은 말씀 잘 들었습니다. 나는 이제 법학자로서 앞서 언급된 이런저런 관점에 대하여 법률적인 측면에서 무엇인가 기여할 수는 있을 것 같습니다.

니트하머 교수님은 발터 옌스 교수님과 마찬가지로 죽음은 "개인적 사건"이라고 정의하였습니다. 죽음이 죽는 당사자에게만 관련되는 한, 그것은 옳은 말입니다. 하지만 죽음이 다른 자와 관련된다면, 두 사람 사이의 상호작용이 성립됩니다. 이 때문에 니트하머 교수께서는 환자의 요구와 의사의 의지가 상충하는 경우, 예를 들어 "죽기 위하여 또는 위급 시에 죽을 수 있기 위하여 내게 필요한 것을 달라"라는 환자의 요구가 있을 때, 의사는 어떻게 처신해야 할까라는 물음을 제기하였습니다.

그러나 여기서 죽음 및 안락사는 사회적 문제가 되기도 합니다. 그리고 항상 그렇듯이 이에 대해서는 여러 가지 답이 나올 수가 있습니다. 해석이 분분하다면, 법무부에 문의하는 것이 결정적인 도움을 줄 수 있습니다. 거기서도 모호한 점이 있을 수 있지만, 적어도 다른 곳에서보다는 좀 더 분명한 답이 나올 수 있을 것입니다.

발터 옌스 교수님은 무엇보다 안락사에서 경계구분의 난점을 강조하였습니다. 그것은 우리 법학자에게는 일상사입니다. 누군가 경계를 좀 더 치밀하게 구분하자마자, 그것을 금방 다시 고쳐야 하는 일이 벌어지곤 합니다. 이런 어려움은 물론 애매모호한 지대에서 주로 생겨납니다. 그렇다고 이 회색지대가 우리에게 아주 유별난 어떤 곳이 아니라, 문자 그대로 우리가 밤낮으로 만나는 곳입니다. 이를테면˚우리는 낮이 있고 밤도 있다는 것을 알고 있습니다. 그러나 낮이 어디서 시작되고, 밤은 어디서 끝나는지 단정할 수 있겠습니까? 우리가 죽음 및 안락사를 자의성에만 맡기려고 하지 않는다면, 우리는 어떤 경계구분의 시도도 회피하지 않게 될 것입니다. 그러나 우리가 A와 B 사이에 경계를 구분하려 한다면, 언제나 모순적이고 애매하다는 등의 평가를 듣게 되는 사례들이 생기게 될 것입니다. 그럼에도 우리는 경계구분의 노력을 포기할 수는 없습니다.

나는 이제 특히 옌스 교수와 큉 교수께서 강조적으로 제시했던 죽음에서의 자율성이란 문제를 거론하고자 합니다. 법학자의 시각에서 볼 때 자살에 참여하는 것을 용인하는 것은 그리 큰 문제가 아니라고 생각합니다. 물론 이에 대한 도덕적 망설임이 내게도 있는 것이 사실입니다. 하지만 법적 관점에서는 어느 누가 스스로 죽는다면, 그것은 자율적 결정으로서 존중될 수 있다고 우리는 말할 수 있습니다.

내가 보기에 난점들은 '부탁에 의한 살인'의 경우에 발생하기 시작합니다. 왜냐하면 이 경우에는 생사에 대한 책임이 타인의 수중으로 들어가기 때문입니다. 예를 들어 어떤 사람이 약품을 스스로 구해서 그것으로 자살한다면, 그의 죽음은 자기결정에 의한 것입니다. 반면에 그것을 의사에게 맡긴다면, 죽고 사는 것이 의사의 처리에 의해 결정되게 됩니다. 이를 현실적으로 합법화해야 할 것인지는—특히 도덕적으로—매우 문제가 있는 것으로 보입니다.

이를 실행함에 생명유언장 역시 제한적으로만 도움이 될 따름입니다: 그런데 큉 교수님, 교수님이 생명유언장의 무조건 존중을 주장하였다면, 존중이라는 말을 놓고 숙고해야 할 점이 있습니다. 교수님은 처음에 의사는 그것을 고수해도 좋을 뿐만 아니라, 의사는 부탁에 의한 살인 역시 따라야만 한다고 언급했습니다. 반면에 뒤에서는 의사가 부탁에 따르도록 의사를 강제하고 싶지 않다고 하셨습니다. 이처럼 우리가 존중이라는 말을 할 때 불분명한 것을 제거하기 위하여, 내 견해로는 존중을 놓고 〈해도 좋다〉와 〈해야만 한다〉 사이의 차이를 명확히 구별해야 할 필요가 있습니다. ― 여기서 환자가 원하기 때문에 의사가 치료를 포기한다면, 그것은 그나마 괜찮습니다. 왜냐하면 정반대로 의사가 환자의 의지를 거역하고 계속 치료를 강행한다면, 그것은 심지어 환자에 대한 육체적 불가침성의 침해가 될 수 있기 때문입니다.

아무튼 생명유언장이 "나는 나의 생명을 마치고 싶다"라는 식으로 작성되었고, 의사는 이 요구를 따라야만 했다면, 생명유언장의 존중이라는 것은 바로 '해야만 한다'로서 의미의 강도가 완벽히 달라집니다. 이럴 경우 니트하머 교수가 앞서 언급한 것처럼 많은 의사가 도덕적으로나 인간적으로 과도한 요구에 시달리게 될 소지가 남게 됩니다. 그러므로 나는 의사가 환자의 요구에 스스로 따르고자 하는 경우에는 법적으로 무죄가 되는 규정이 있으면 좋을 것 같다고 생각합니다.

이것으로 논의의 마지막 주제인 올바른 법 규정의 입법에 관해 언급할 차례입니다. 이른바 대체입법의 경우에도 관련사항을 단순히 재판에 맡겨야 하는 것은 아닌지 우리는 오랫동안 숙고해 왔습니다. 재판 자체가 거기에 주어진 판결의 유희공간을 마다하지 않기에 더욱 그렇습니다. 따라서 1986년에 개최된 독일법률가 대회에서 대다수 법률가들이 우리는 법규가 필요 없다고 표명한 사실은 우리에게도 시사하는 바가 많다는 것을 입증하고 있습니다. 그들은 필요할 때는 "슬그머니" 판결의 도움을 받아 그것에 상응하여 일을 처리할 수 있기 때문입니다.

그러나 이와 같은 상황은 한 사람의 시민인 나에게는 달갑지 않습니다. 나는 의사를 친구로 둔 그런 행운아에게 평화롭고 품위 있게 죽을 가능성을 양도한 것으로 보고 싶지 않습니다. 죽는 순간에 좋은 관계를 맺은 사람만이 아니라 모든 사람에게 이런 가능성이 돌아가기를 바랍니다. 이는 나에게 일종의 평등을 의미하는데, 왜냐하면 삶에서 평등이 중요한 것처럼 삶을 떠날 때에도 마찬가지로 평등이 중요하기 때문입니다.

그러나 우리는 어느 정도 명확한 법 규정을 가질 수 있도록 보장되어야 합니다. 네덜란드의 법 규정에 대한 나의 비판 역시 바로 이 점에서 출발합니다. 네덜란드의 법 규정은 의사가 개별적으로 실행해도 좋은 것을 명확하게 밝히지 않고 있습니다. 그것은 네덜란드인들이 명백하게 자살 및 자살의 협력뿐만 아니라 부탁에 의한 적극적 살인을 허용하고자 할 때에는 더욱 심각한 문제를 노출하게 됩니다.

그럼에도 의사가 어떤 상황에서 이런 행위를 해도 좋은지에 대하여 아무 근거도 없을 뿐만 아니라, 환자의 요구 없이 생명연장을 중단하는 경우에 항상 검사에게 가야 한다면, 의사는 계속 신중을 기하기 위하여 그가 실행하고 있는 것을 감추게 될 것이며, 따라서 의사의 행위는 장막에 가려지는 경우가 잦아지게 됩니다. 결론적으로 말해 네덜란드가 많은 일에서 선구자 역할을 하면서 새로운 길을 개척해 왔던 것도 사실이지만, 이 길이 내게 충분히 만족스러운 것만은 아닙니다.

한스 큉: 우리는 이제 상이한 관점들을 해명할까 합니다. 먼저 내가 니트하머 교수님에게 대답하려고 합니다. 많은 사람이 니트하머 교수나 다른 의사들처럼 그렇게 죽음을 직접 눈으로 보고 경험했는지 하는 것은 우리의 물음이 아닙니다. 그렇다면 우리는 삶과 죽음에 대한 모든 결정을 다시 의사들에게 맡겨야만 할 것입니다. 그것은 우리가 원하는 것이 아닙니다. 의사 역시 다른 사람의 삶과 죽음을 좌우할 권리가 없다는 점에는 이견이 없을 것입니다.

원칙적으로 우리는 다음과 같이 말해야만 할 것입니다. ― 이와 관련하여 나는 네덜란드의 신학자이자 교수인 쿠이테르트의 글을 다시 인용하려고 합니다. 그는 적극적 안락사에 대한 가장 사려 깊은 책을 썼는데, 다음 문장은 그 가운데 중심적인 내용입니다. "삶에 대한 권리와 죽음에 대한 권리는 자기결정의 핵심이다. 그것은 양도할 수 없는 권리로서 이 결정을 타인에게 또는 의사의 개입에 맡기는 것이 아니라, 스스로 언제 어떻게 죽을 것인지에 관해 결정할 수 있는 자유를 포함한다."

다른 말로 표현하면 성인은 이에 대해 스스로 결정할 수 있고, 결정해도 좋고, 결정해야만 합니다. 나는 앞으로도 독일 형법학자와 의학자들이 제안한 안락사에 관한 대체입법에 동의할 것입니다.[94] 상세한 규정의 법률적 물음들에 관해서는 먼저 법학자들이 거론해야 할 것 같습니다.

알빈 에저: 법학자들이 부득이 거론해야 하겠지만, 그러나 의지는 반드시 국민에게서 나와야만 합니다!

한스 큉: 에저 교수님, 앞서 교수께서 대체입법에 관해 언급했는데, 나는 거기에 나오는 중요한 문장 하나를 인용하고자 합니다. "살인이 해당자가 더 이상 참을 수 없을 만큼 위중하고, 다른 조치로도 제거되거나 완화될 수 없는 고통의 상태에서 이를 끝내는 데 도움이 된다면, 법정은 […] 그 죄를 사면해야 한다." 이것이 바로 대체입법에 들어 있는 제2조 216절의 내용으로, 내가 말하고 싶은 것과 정확히 일치합니다. 그리고 법학자가 모든 것을 회색지대에 놔두고 싶어 하는 의사를 겨냥하여 항변하는 것이라면, 나는 물론 그 법학자를 지지합니다. 그 이유를 제시하겠습니다.

첫째, 나는 개인적으로 어떤 의료상의 방편에 쉽게 휘둘리고 싶지 않습니다. 나는 운명에 좌우되는 사람이 되고 싶지 않습니다. 얼마 전에 유사한 사례가 있어서 내가 의사에게 물어보았을 때, 의사는 내

94_ 안락사에 관한 대체입법, J. Baumann, H. Bochnik, A.-E. Brauneck, R.-P. Calliess, G. Carstensen, A. Eser, H.-P. jensen, A. Kaufmann, U. Klug, M.Perels, J. Theyssen, C. Roxin, K. Rolinske 외, Stuttgart 1986.

게 이렇게 설명했습니다. "걱정하지 마십시오, 더 이상 아무것도 모를 테니까요. 우리는 전혀 고통이 없게 해 드릴 겁니다!" 이런 것을 나는 정말 원치 않습니다! 더욱이 고통 없고 의식도 없이 심지어는 몇 달, 몇 년이나 누워 있게 된다면, 이런 것을 나는 도저히 참을 수 없을 것입니다.

만일 이런 것이 요즘에는 새로운 견해라고 교수님이 주장한다면, 나는 비오 12세 교황님을 예로 들어 설명하겠습니다. 모두 알다시피 나는 로마에서 교황님에게 7년 동안 수학하였습니다. 아직도 기억이 생생한데, 교황께서는 1952년 신경체계의 조직학과 병리학을 위한 국제회의에서 연설하셨습니다. 여기서 이 보수적인 교황께서도 의학적 조치가 생명을 너무 연장함으로써 동시에 인간의 자유로운 자기결정이 없어지고 있다고 말씀하셨습니다. 교황께서는 인간을—정확히 인용하자면—"하나의 길들여진 감각존재 또는 살아 있는 자동기계로 퇴화시키는" 것에 반대의 뜻을 밝힌 것입니다. 교황님의 관점 역시 나와 일치합니다. 그리고 나는 이런 식으로는 살고 싶지 않습니다.

둘째, 나는 어떤 다른 의사가 나를 안심시키려고 매우 친절하게 내게 설명했던 것을 직접 체험하고 싶지 않습니다. 의사는 다음과 같이 말했습니다. "혹시라도 알츠하이머가 진행 중이라면, 사정에 따라서는 감각이 없어질 수도 있습니다. 하지만 아주 행복할 수도 있습니다. 우리는 자신이 누구인지 알지 못하는 교수 한 분의 사례를 가지고 있습니다. 그는 매일 병원 밖으로 나가, 시내로 나들이 갑니다. 등에는 전화번호가 달렸지요. 시내에서는 바에 가서 앉아 있다가, 몇 시간 뒤에는 다시 유쾌해져서 돌아온답니다." 솔직히 말해서 나는 어느 날 나 자신이 살아 있는 사람들의 웃음거리가 되어 튀빙겐 거리를 어슬렁거리는 것을 도저히 상상하고 싶지 않습니다![95]

따라서 나는 법 규정들을 만드는 데 찬성합니다. 특히 의사들을 위하여 법 규정들이 만들어져야 합니다. 의사들이 적극적 안락사와 관련하여 공적으로 사실을 말하게 되는 경우, 그들은 불안감을 가질 수밖에 없다는 사실을 나는 확인했습니다. 그들이 불안감을 갖는 데에는 충분한 근거가 있습니다. 나는 물론이고 발터 옌스 교수도 의사들에게 들어서 알고 있으며, 실은 우리 모두가 잘 알고 있습니다. 다시 말해 의사들은 고발을 당하거나 신문에 보도되고, 소송에 휘말리는 것을 꺼리지 않을 수 없습니다.

하케탈Hackethal 교수가 자신의 안락사 경험을 공개했을 때, 나는 당시에 나의 입장을 밝히지 않았습니다. 왜냐하면 나는 언론의 소동에서

95_ 이 발언으로 말미암아 나는 토론이 끝난 뒤 비판적 질문들을 무수히 받았다. 알츠하이머 환자를 돌보는 것이 매우 어렵고 힘든 일이면서도 쓸모없는 짓이라는 생각이 내게 전혀 없었던 것은 아니었다. 나는 우선 나라는 개인의 사적 견해를 말하고자 했을 뿐이지만, 그러나 이와 동시에 누군가 환자로서 결정능력이 있는 경우 그가 갖고 있는 자기결정의 권리를 근본적으로 옹호하려고 했다. 알츠하이머병이 환자를 심적으로나 정신적으로 완전히 피폐하게 할 수 있으며, 수년에 걸쳐서 가족들에게 어마어마한 부담을 줄 수 있다는 것은 예일 대학교 외과 의사 서원 B. 뉴랜드의 저서 『우리는 어떻게 죽는가』 제5장에 상세히 거론되어 있다. S. B. Nuland, Wie wir sterben, München 1994, 164쪽 참조: 환자는 점차 독립성을 상실하고 결국은 외부의 도움에 완전히 의존하게 된다. 환자는 이미 최종단계 이전에 뇌졸중발작, 심근경색 또는 다른 병발증에 희생되지 않을지라도 언급한 바와 같이 비참한 숙환에 오랫동안 시달리게 된다. 그러다 보면 끝내는 모든 뇌기능들이 상실되고 만다. 그 이전에 이미 많은 환자들은 음식물을 씹거나 넘기고 걷는 법을 잊어버린다. 음식물을 섭취할 때에도 경련적인 기침의 발작이 일어나기 때문에 환자를 돌보는 사람은 크나큰 정신적 부담을 받게 된다.

벗어나고 싶었기 때문입니다. 그러나 다른 한편으로 나는 이미 그때에도 이 문제를 거론함에 있어서는 무엇보다 법 규정이 필요하다고 생각했습니다. 우리는 의사들이 환자가 절망적인 상태에 있을 때 올바르다고 판단했다면 과량의 모르핀을 투여했다는 말을 종종 들을 수가 있습니다. 그런데 왜 그들은 터놓고 말하지 못하는 것입니까? 만일 어느 의사가 특정한 사태에서 행했던 것을 솔직하게 말한다면, 그는 고발을 당하거나 처벌을 받아야 하기 때문입니다.

다른 사례를 들어 보겠습니다. 나는 자신들끼리 몰래 일을 처리한 의사들을 알고 있습니다. 그들은 어느 누가 극한적 상황에 이르게 된다면 적극적으로 죽음을 도와줍니다. 이것이 바로 의사들 사이에서 일어나는 적극적 안락사의 사례입니다. 이런 일은 우리 신학자들로서는 당연히 있을 수 없습니다. 우리는 서로에게 종부성사를 베풀 수 있을 따름입니다.

또 다른 사례를 들어 보겠습니다(실제로는 의사들 사이에도 안락사의 문제에서 견해가 엇갈립니다). 지난 주일에는 어느 의사가 내게 "극한적 상황에 이르게 된다면, 나는 스스로 모르핀 주사를 내게 놓을 것입니다"라고 말했습니다. 튀빙겐에서도 여의사가 스스로 주사를 놓은 일이 있었습니다. 왜 이런 일이 의사들에게만 가능하단 말입니까?

내가 에이즈의 상황에 대하여 미국으로부터 받았던 가장 최근의 상황, 즉 뉴욕과 샌프란시스코, 로스앤젤레스의 가장 최근의 연구보고서는 이렇습니다. "에이즈가 있는 사람들 사이에서 그것은 공공연한 비밀이다. 시간이 찾아오면, 많은 사람은 그들이 자살할 수 있도록 그것을 손에 잡는다고 말한다." 어떻게 이런 일이 가능할까요? 에이즈-커뮤니티가 돕기 때문입니다. 그리고 에이즈에 걸린 환자는 서로서로 도울 수 있다는 사실을 알고 있습니다.

이 모든 것들은 임의로 이루어질 수 있는 사례들입니다. 이 때문에 나는 왜 이 모든 것들이 장막 뒤에서 비밀스럽게 일어나야만 하는가 하고 묻는 법학자에게 동조하는 것입니다. 그렇습니다, 왜 의사의 진실은 우리가 개인적으로 들을 수 있는 진실과 외면상으로는 달라야 합니까? 왜 우리는 법적 과정에 따라 필요한 결정과 필요한 제한을 만들 수 없는 것입니까? 물론 나는 일체의 오남용에는 반대하고 있으며, 모든 기술적 처리를 의미심장하고 용인된 것으로 보는 사람들에 속하지도 않습니다.—에저 교수님은 아마도 예컨대 이질적인 인공수정 및 배아 실험과 관련된 얼마 전의 토론을 기억할 것입니다. 이런 분야에서 나는 많은 것을 대단히 혐오하고 있습니다. 나는 이런 사례들에서 상황에 따라서는 형법으로 제한해야 한다고 생각합니다. 마찬가지로 나는 청산가리로 안락사를 시도하는 행위에 대해서도 그것은 안 된다고 분명히 말한 바 있습니다.

그러나 이런 일은 그 외에는 다른 수단이 없기 때문에 발생합니다. 그러므로 나는 법 규정을 만들자는 제안에 찬성합니다. 나아가 우리는 이런 법에 어떤 조항이 들어가야 할 것인지에 관하여 논의해야 합니다. 이렇게 함으로써 난제들이 해결될 수 있을 것입니다. 그러나 우리가 여기 이 연단에서 하는 것처럼 모두가 솔직하게 논의한다면, 시작은 순조롭게 이루어질 것입니다.

알빈 에저: 니트하머 교수님, 이제 나는 의사의 품성과 관련된 질문을 하려고 합니다. 내가 제대로 보고 있다면, 자살의 방조가 무죄로 되어 있는 독일의 법 규정을 교수님도 수용하실 것 같습니다. 하지만 그렇다면 무엇 때문에 의료계에서는 자살의 방조를 본질적으로 "의사답지 못한 행위"로 선언하고 있는 것입니까? 바로 이로 인해 죽음을 희망하는 대다수의 환자를 인간적으로 도울 수 없는 것 아닐까요? 자살의 방조를 의사답지 못한 행위로 간주하는 이유는 바로 환자가 (때로는 친구가 될 필요가 있는) 의사에게 자살을 도와달라고 부탁하기가 더 쉬워지기 때문입니까?

의사에게 (예컨대 약품의 조달과 같은) 자살의 방조가 의사답지 못한 행위로 간주되는 한, 그것은 의사와의 관계를 깨고 싶지 않은 환자에게는 이 문제로 의사와 부딪치는 것이 아마 상당한 부담이 될 것입니다. 따라서 의료계가 자살의 협력을 의사답지 못한 행위로 선언한다면, 의사들은 뭔가 부도덕한 행위의 낌새를 감추기 위해서라도 짐짓 기만적인 태도를 보이지 않겠습니까? 아니면 자살협조를 거부하는 이면에는 순수한 도덕적 확신이라도 있는 것입니까? 어쨌든 의사에게 자살의 방조가 허용된다면, 의사는 해당 환자가 구하고자 하는 그 어떤 제삼자보다 훨씬 훌륭한 조력자가 될 수 있을 것이라고 생각합니다.

법적으로 볼 때 전반적인 상황은 악화되었습니다. 왜냐하면 자살의 의지가 원칙적으로 (판례에 의거하면) "존중되지 않는 것"으로 되어 있고, 이로써 환자는 사정에 따라서는 더욱더 외로움 속으로 내몰리게 되었기 때문입니다. 환자의 자살의지가 고려되지 않는다면, 그것은 환자에게 최후의 조력이 없는 것과 같다는 것을 의미합니다. 이처럼 환자에게 불행한 결과를 막기 위해서는 의료계에도 기존의 의식에서 탈피하여 올바른 방향으로의 변화가 일어나야 하지 않겠습니까?

디트리히 니트하머: 자살의 방조가 필수적이라면, 그것은 실상 적극적 안락사와 크게 다를 것이 없다고 생각합니다. 심각한 우울증에 걸려서 죽으려고 하는 사람들을 생각해 봅시다. 이런 경우 우리 의사들은 그들을 도와야만 할까요, 아니면 돕지 말아야 할까요? 에저 교수님, 우리는 목적에서 완전히 같은 견해를 갖고 있습니다. 또한 의사들의 자세 때문에 환자들의 기대가 좌절될 수 있다는 것에 대해서도 나는 동의합니다. 환자를 고립감에 빠지게 하는 이유는 어떤 특정한 영역에서 환자가 의사로부터 아무런 도움도 받을 수 없기 때문입니다. 나는 물론 그것을 유감스럽게 생각합니다.

그렇습니다, 우리 의사들은 생각을 바꿔야만 하며, 환자에게 다가오는 죽음의 국면과 존엄사의 요구에도 책임감을 가져야 합니다. 그러나 나는 자살의 방조를 아무 문제도 없다는 듯 보편적 가능성으로 허용하는 것에 대해서는 반대합니다. 이 경우에도 개인적으로 편차가 있게 마련입니다. 물론 유일한 길이 오로지 최후의 모르핀 주사인 환자들도 있을 것입니다. 그러나 결정적인 것은 환자들도 긴급한 상황에서 자살을 돕는 의사에게 해를 끼칠 수도 있다는 것을 염두에 두어야 합니다. 그렇다면 에저 교수님이 지적한 것처럼 모든 것을 법으로 규정해서는 안 될 것입니다. 이유인즉 법이 환자와 의사의 처지를 개선하는 것이 아니라, 결국은 해롭게 하는 경우가 빈번해질 수 있기 때문입니다.

발터 옌스: 여러분, 우리는 이제 토론을 마무리 지어야 할 시점에 도달한 것 같습니다. 이 시도는 모험적인 것이 없지 않았으나, 여기저기 상이한 견해에도 불구하고 거의 공동의 견해를 도출하였습니다. 그것은 다음의 두 가지 관점으로 요약될 수 있겠습니다.

첫째, 인간 존엄사의 문제는 더 이상 금기시되어서는 안 됩니다. 이와 같은 금기는 경솔하게 존엄사 논쟁에 던져진 "광기"라는 말과 더불어 사라져야 합니다. 관료들은 의사들에게 과도한 양의 모르핀 처방이 통증을 줄일 수는 있지만, 환자가 약물에 의존하게 된다고 경고하고 있습니다. 그러나 이처럼 의사들을 강압적으로 다루는 발언 또한 사라져야 합니다. "광기를 보이며 죽어가는 인간", 이는 대단히 비인간적인 냉소주의의 표현입니다.

둘째, 품위 있게 죽도록 돕는 행위를 더 이상 범죄시해서는 안 됩니다. 역사에서 가장 감동적인 죽음 가운데 하나인 소크라테스의 죽음을 생각해 본다면, 죽어가는 사람에게 독배를 건네어 저 세상으로 쉽게 가도록 돕는 친구 또는 의사에게 죄를 추궁하는 것은 옳지 않습니다.

의사의 문제에 관한 한 니트하머 교수도 지적하셨습니다만, 나는 임종을 앞둔 환자가 더 이상 아무것도 삼킬 수 없는 지경이라면, 막스 슈르의 의미에서 히포크라테스의 선서를 이해하는 의사는 한 걸음 더 나아가 환자에게 죽음의 주사를 놓을 수 있어야만 한다고 생각합니다.

죽음을 돕는 행위는 규범으로 정해지거나 일반적 원칙으로 고정될 수 없습니다. 개별사례가 매번 다르기 때문입니다. 임종의 방에 있는 의사는 어느 정도 그것을 의식할 것입니다.

그러나 병원을 떠나 우리의 일상에서 갖가지 사례를 명확히 보여주는 것은 바로 문학입니다. 문학은 사람들이 얼마나 비참하게 죽어가고 있는가를 생생하게 기술합니다. 문학은 예컨대 사람들이 단두대에서 또는 모진 고문을 당하며, 전쟁의 불바다에서 또는 숙환에 시달리며 죽어가는 모습을 표현합니다. 다시 한 번 울리히 브레커의 표현을 인용하자면, 사람들은 정신병 환자처럼 병실 내의 "밴드에 묶인 채" 죽어갑니다(오늘날 신경안정제가 진정시키는 역할을 합니다. "중요한 것"은 정신병동 내의 여기저기서 "환자가 조용하다"라는 말을 우리는 듣는다는 사실입니다). 다른 한편으로 문학은 죽음의 이면에 들어 있는 것을 보여줍니다. 톨스토이의 소설 〈이반 일리치의 죽음〉에서 충실한 하인 게라심이 그렇듯이, 죽을 때의 도움은 임종환자에게 마음의 진정과 위로를 줍니다.

끝으로 〈죽음 및 사망에 관한 구술〉에서 페터 놀의 다음과 같은 물음은 우리의 주제와 관련하여 참으로 의미심장합니다. "무슨 이유로 짐승들은 안락사가 허용되는데, 인간은 안 되는가?" 왜, 무엇 때문에 안 된다는 말인가! 이에 대해 셔윈 B. 뉴랜드의 죽음의 책에서 노벨 물리학상 수상자인 펄시 브리지먼은 분명하게 대답합니다. "지금의 나처럼 불가피하게 삶을 마치는 경우에, 각 개인은 의사에게 죽게 해달라고 요청할 권리가 있다." 의사가 이렇게 하지 않는다면, 아마도 인공호흡기의 부착을 거부한 필립 로트와 같은 남자가 그 일을 할 것입니다. 그는 죽어가는 아버지에게 가까이 다가가 고개를 숙이며 "아버지, 제가 편히 보내 드리겠습니다"라고 속삭였습니다.

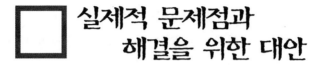

실제적 문제점과
해결을 위한 대안

치매환자에 대한 나의 경험 - 잉에 옌스

내 남편 발터 옌스의 이상행동으로 인하여 나와 발터는 2006년 8월 3일 〈치료를 위한 사전처리 규정〉에 서명했다. 여기에는 결정능력이 없는 환자가 전권대리인과 의사들, 가족과 친구에게 바라는 희망사항과 요구가 기재된다. 그 내용은 다음과 같다.

"나는 의사와 간호사에게 도움을 요청하는 바이며, 치유의 전망이 있거나 또는 나에게 삶의 즐거움과 삶의 질을 허락하는 만성적 질환 내지 중병의 치료가 가능한 한, 의학적 가능성들을 모두 동원해도 좋다. 그러나 나는 아직 임상실험에 있는 새로운 약품이나 방법들로 치료받지 않을 것이다.

　단, 나는 다음과 같은 상태에서는 나의 죽음을 가로막는 일체의 의학적 조치들을 받지 않기를 희망한다.

　— 내가 치료가 불가능하고, 치명적인 질병의 최종단계에 있을 때,
　— 내가 정신적으로 너무 혼란한 상태여서 내가 누구이고 어디에 있는지 더 이상 알지 못할 뿐만 아니라 가족과 친구들을 인지하지 못할 때,
　— 내가 상당기간 의식불명의 상태에 있을 때,
　— 내가 견딜 수 없는 고통을 당하고 있을 때,

　만일 이런 상태가 시작된다면, 나는 인간적 보호의 도움을 요청하는 바이며, 죽음의 과정에서 일어나는 자연스러운 흐름 및 내 생명의 소멸에 반하는 어떤 것도 시도되지 않기를 바란다. 그러나 동시에 나는 현대적 통증치료의 모든 가능성을 사용함으로써, 육체적이고 영적인 아픔과 고통이 없도록 진력하기를 요청한다.

　가능하다면 나는 나에게 친밀한 환경 속에서 내 최후의 나날과 시간을 보내고자 한다.”

　같은 날 우리는 추후의 상황을 대비하여 제삼자(우리의 두 아들)에게 권한과 의무를 부여하는 위임장에 서명했다. 여기서도 죽음의 과정이 돌이킬 수 없거나 또는 고통 및 정신착란에 의하여 소외된 삶이 지

속하리라는 것이 명확해지는 경우, 실제로 우리의 〈처리 규정〉은 의학적 조치를 받지 않는 쪽으로 바뀔 수 있도록 명시되어 있다.

서명한 지 거의 2년이 지난 오늘, 내게는 당시에 서명한 내용이 떠올랐다. ―당시만 해도 나는 이렇게 지속되고 있는 병의 실체가 어떤 것인지 잘 알지 못했다. 그러나 이제 한스 큉 교수와 더불어 품위 있는 죽음에 관하여 많은 토론에 참석하던 남편에게 뭔가 결정적인 조치가 내려져야 하는 것 아닌가 하는 물음이 긴박하고 불가피하게 되어 버렸다. 왜냐하면 나의 남편은 치매환자로서 정신적으로 혼란하고, 더 이상 자신이 누구이고 어디에 있는지 알지 못할 뿐만 아니라, 가족과 친지들을 인지하지 못하고 있기 때문이다. 하지만 남편은 육체적으로는 여전히 건강하고, 고통을 당하는 상태도 아니다. 그럼에도 불구하고 나는 그가 지금은 살아 있지만 이런 식으로 살기를 결코 원치 않는다는 것을 잘 알고 있다.

정말 나는 남편을 돕고 싶다. 그렇지만 어떻게 돕는단 말인가? 어떻게 하면 구체적으로 도울 수 있는가? 만일 그가 의료기구들에 의존해 있다면, 내가 그것을 치울 수 있을지도 모른다. 그가 참을 수 없을 만큼 고통에 시달린다면, 진통제를 사용하도록 내가 앞장설 수도 있을 것이다. 그러나 ―감사하게도― 통증 같은 것은 전혀 없고, "그런대로 잘 지낸다."

어쨌든 그의 생명을 단축해야 할 객관적 근거가 없다. 그러나 그는 분명히 고통에 시달리고 있다. 내가 보기에 정말 그렇다! 다만 그는 자신의 고통을 나에게 말할 수 없는 것이다. 더 이상 그는 표현하지 못한다. 그런데 그를 어떻게 도울 수 있단 말인가? 그가 나에게 원하는 것은 무엇일까? 나도 함께 경험하여 그가 무엇을 원하는지 알 수 있으면 좋으련만!

현재로서는 그저 남편을 돌보는 일만이 내가 할 수 있는 일이다. 어떻게 하면 그에게 도움이 되고, 그를 좀 더 편하게 할 수 있을까 하는 것만을 나는 생각할 따름이다. 나는 그의 일상생활을 가까이에서 보살피고, 그리하여 그가 가능한 한 친근한 환경에서 머물 수 있도록 노력하고 있다.

그러나 나 역시 이제는 나이가 많아서 남편을 혼자 돌보기에는 너무 힘겨운 처지에 있다. 따라서 남편이 절대로 혼자 있게 하지 못하도록 곁에서 도와주는 사람을 고용하고 있다. 잠자리를 늘 깨끗하게 유지하고, 세수와 면도하는 것을 돕고, 의복을 정돈하고, 먹고 마시는 일을 도와야만 하기 때문이다. 나는 특히 남편이 규칙적으로 신선한 공기를 마시고, 충분히 운동하도록 배려하고 있다. 나는 가끔 그를 물리치료사에게 데려가 그의 하체와 상체의 균형이 제대로 잡히도록 물리치료를 시키고 있으며, 종종 의사들과 병세에 관해 상의하는 시간도 가진다.

때로는 남편의 친구들이나 동료들에게 부탁하여 그에게 책을 읽어주게 시킨다. 남편은 내가 이 역할을 하는 것을 받아들이지 않기 때문이다. 그는 현재 지적 능력이 책을 읽을 수 있는 수준은 아니지만, 어떤 특별한 낱말이나 문장에서는 언어의 운율까지 맞추어 읽기도 한다. 나는 우리 공동의 추억이 깃들어 있는 음악을 그에게 들려주려고 시도한다. 이럴 때면 그는 꾸벅꾸벅 졸거나, 아니면 왠지 흥분하고 불안해하면서 음악에 거부감을 표출한다.

어떤 때는 남편과 잘 알고 지내던 손님들을 초대하여 대화를 시도한다. 남편은 가끔 대화에 참여하여 이론을 제기하거나 또는 이미 했던 말을 계속해서 반복한다. 그래도 옛일이 기억나서 그런지 남편이 행복해 보인다는 생각이 들기도 하지만, 그것은 나로서는 알 수 없는 일이다. 아무튼, 그는 대화에 만족스러운 반응을 보인다.

내가 남편의 상태를—어쨌든 몇 분간은 성과가 있었으니—잘못 보고 있는 것은 아닐까? 내가 그를 폄하하고 있는 것일까? 암만 보아도 그는 육체적으로는 고통을 받지 않는다. 그러나 정신적으로는 분명히 정상이 아니다. 잠시 동안이지만 그는 즐거워하는 모습이었다. 삶이 그에게 고통스럽기는커녕 미소 짓고 웃을 만큼 즐거운 순간들이 있는 것이다. 그럼에도 남편은 우리의 현실이 아니라, 그에게만 통용되는 현실 속에서 살아가고 있다. 이런 순간에는 그가 죽고 싶어 하지 않는다는 것을 나는 확인하게 된다. 이런 생각이 자기기만이자 도피인가? 아니, 있을 수 없는 해석인가?

하지만 무엇보다 문제가 되는 것은 이와는 전혀 다른 상황이 전개된다는 사실이다. 남편은 종종 울음을 터트리면서 "아냐, 아니야"라고 중얼거린다. 그러다가 "나는 떠나고 싶어"라면서 죽음의 의지를 표현한다. 물론 같은 호흡이지만 "나는 죽고 싶어"라고 정확히 표현하거나 "더 이상 살고 싶지 않아", 또는 "죽어 버릴 테야"라고 말하기도 한다. 이보다 더 격앙되었을 때에는 "제발 나 좀 도와줘!" 또는 "아냐, 나는 죽어야 해!"라고 울부짖는다. 그는 불안에 사로잡혀 이렇게 외치다가, 오랜 시간이 지난 뒤에야 가까스로 진정된다.

이런 순간이면 나는 남편이 죽음의 도움이 아니라 오히려 삶의 도움을 요청하는 것 아닐까 여겨진다. 그가 원하는 것은 바로 삶이라고 부를 만한 가치가 있는 삶인데, 왜냐하면 늘 그렇듯이 삶은 고뇌와 슬픔, 절망에 대해 잘 알고 있으면서도 삶을 끝내고 싶은 소망이 일어날 정도로 아주 적극적인 것, 존엄한 것, 즐겁고 만족스러운 것을 내포하고 있기 때문이다.

그럼에도 나는 그가 이런 삶을 살도록 도와줄 수가 없다. 나는 다만 그의 상태가 더 나빠지지 않게 돌봐줄 수 있을 따름이다. 그러나 예전에는 그가 온갖 육체적 고통보다 아마 정신적이고 지적인 면에서 위축된 삶에 빠지는 것을 훨씬 더 큰 부담으로 여겼었다는 것을 나는 잘 알고 있다. 이렇게 볼 때 치매에 걸린 뒤로 그는 의사의 "인간성"에 무한정 의존해 온 셈이다. 그가 과거에 우울증에 걸린 상태에서조차도 전혀 생각할 수 없었던 삶을 그는 지금 살아가고 있는 것이다.

좀 더 직설적으로 말해 참을 수 없는 고통은 삶을 끝내줄 수 있는 인간적 조력자의 도움으로 사라지게 할 수 있다는 것이 본래 남편의 생각이었다. 정신이 소멸한 삶이란 그에게 살아 있어도 삶이 아니었다. 의학적 기준에 의해 살아 있다는 것은 죽음이나 마찬가지였다. 정신이 결여된 식물인간은 품위 있는 삶에 대한 그의 생각과는 거리가 멀었다. 그가 오늘 요구하고 있는 죽음의 도움은 —내가 보기에—그를 더 이상 이런 터무니없는 삶에 방치하지 말아 달라는 부탁을 의미한다.

이런 도움을 나는 마다해야만 하는 것일까? 하지만 남편의 상태에 대한 판단이 아직은 불확실하기 때문에 나는 그의 요구에 쉽게 응할 수 없다. 우리가 서로 도울 것을 약속했던 당시에는 이 시점에 생겨날 한계상황과 우리에게 주어진 행동의 자유를 모두 고려하여 합의한 바 있었다. 오해를 막기 위하여 말하지 않을 수 없다. 나는 당시의 결정을 지금까지도 올바르며 당시에 문서에 기록한 대로 따라야 한다고 생각한다.

그렇지만 전제조건들, 즉 죽음을 도와야 한다는 한계상황과 직면하여 나는 당시만 해도 상상할 수 없었던 지난 2년간의 경험을 충분히 고려해야만 한다. 그동안 나는 더 조심스럽고, 아마도 더 망설이게 되어 버린 것 같다. 나는 그간의 경험을 통하여 "살 가치가 없는 삶"과 "살 가치가 있는 삶"의 범주를 새롭게 숙고하고, "품위"와 "행복"에 대한 나의 관념을 구별하고, 이런 이율배반의 해결 불가능성을 받아들이게 되었다.

다시 오해를 막기 위하여 말하겠다. 한스 큉 교수가 불치병 환자, 특히 고통에 시달리는 말기환자를 위하여 "도울 권리"를 요구한다면, 나는 필요에 따라서는 의사의 서약에 반할지라도 그 요구에 동조할 것이다. 나도 한스 큉 교수처럼 정신적이고 도덕적인 능력 및 결정권한을 더 이상 갖고 있지 못한 환자의 명확한 의지를 법적으로 유효하게 관철할 수 있는 권리뿐만 아니라 의무를 가진 전권대리인의 지명을 옹호한다. 이와 같은 상황들에 대하여 법정은 시급히 모든 관련자에게 법적 안정성을 보장할 수 있어야만 할 것이다.

　나의 경우 어떤 모진 고통을 참아내야 하는 것이 아닌 환자, 전통적 의미에서는 "육체적으로 건강한" 사람이 대상이기 때문에 문제들이 발생한다. 만일 그에게 전권대리인이 있다면, 전권대리인은 문서로 작성된 그의 의지를 관찰할 수 있을 것이다. 그러나 이른바 "건강한" 사람에 의하여 작성된 의지가 고통에 시달리는 환자의 그것과 동일할까? 법정대리인은 그가 대변하는 사람의 매번 달라지는 진술과 요구를 어떻게 평가할 것인가? 구체적으로 말해 법정대리인의 역할을 맡은 내가 죽음의 소망과 안락사의 요청에 관하여 대체 무엇을 할 것인가? "아냐, 아니야!" 또는 "나는 떠나고 싶어", "죽어 버릴 테야" 등의 진술이 얼마나 구속력을 가질 것인가? "제발 나를 죽도록 도와줘!"라는 호소가 얼마나 법적 효력을 가질 수 있겠는가?

　내가 지금 이 글을 쓰는 시점에서는 뭐라고 대답할 수 없다. 이 책 역시 나에게 답을 주지 못할 것이다. 다만 나는 이것만은 알고 있다. 즉, 나는 내 남편의 현재 상태에서 그의 죽음의 소망을 충족시키거나 허락할 수 없으며, 다른 사람도 그렇게 할 수 없다는 사실이다. 이 책의 공동저자인 발터 옌스는 종말의 단계에 있는 것이 아니다. 그의 상태는 대단히 변화가 심하고, 주변 사람들과의 의사소통 능력도—인지 능력뿐만 아니라 사회적 접촉과 관련하여—계속 변화를 보이고 있다. 어떤 때는 완전히 상실했다고 믿어지던 능력들과 감정이 돌연 복구되는 것처럼 보여서, 사람들은 그가 뭔가를 스스로 기억해내는 것 아닌가 하는 인상을 받게 된다.

예컨대 남편은 자기 부모에 대해 이야기를 꺼낸 적이 있었다. 나는 그가 무슨 말을 하는 것인지 도무지 이해할 수 없었다. "아버지"와 "어머니"라는 말은 또렷했지만, 전반적으로는 맥락이 이어지지 않아서 이해하기가 어려웠다. 부모님께서 이미 돌아가셨다는 나의 말을 듣고 놀라는 듯했지만, 슬픔의 빛은 전혀 없었다. "아, 어떻게 돌아가셨지?"라고 그는 내게 물었다. "두 분 모두 이 세상에 안 계세요. 보세요, 우리도 이미 이렇게 늙었으니, 그분들이야 더 말할 것이 없잖아요." 그러자 그는 "아, 그럼 그렇지"라고 대답하는 것이었다. 그러나 나는 남편이 내가 한 말을 제대로 알아들은 것인지는 도무지 알 수가 없었다.

남편의 상태를 판단하기 어렵게 만드는 또 다른 예가 있었다. 남편은 내가 곁에 있어도 나의 존재 여부를 거의 의식하지 못하는 것처럼 보일 때가 잦았다. 그런데 그는 어느 날 간병인에게 인지의 표시라고도 할 수 있는 미소를 지어 보이며 며칠간이나 자신의 이름을 말하고, 심지어는 나를 부르기도 하는 것이었다. 그뿐만 아니라 우리를 찾아온—몇 달 동안이나 낯선 사람 대하듯 하던—두 아들에게 갑자기 인사를 건네며 간간이 미소까지 지어 보였다. 게다가 전에는 앞뒤의 연관관계가 이루어지지 않아서 이해하기가 어려웠던 문장들을 이제는 가끔 문법적으로도 완전하게 발음하는 것이었다. 또한 누군가 그에게 손을 내밀면 그 역시 손을 내밀어 반응했다. 요즘 들어 남편은 제대로 걷고, 다른 사람의 도움 없이 층계에도 오르고 있다. 그는 계단을 올라갈 때면 양손으로 좌우 난간을 꼭 잡는다. 먹고 마시는 일도 도움 없이 혼자 할 수 있으며, 거리의 간판이나 자동차 번호판도 읽기 시작한다.

의사들은 이와 같은 현상이 혈관과 관련된 치매의 경우에 전형적으로 나타난다고 설명한다. 이런 특별한 형태의 증상에서는 손상이 알츠하이머병처럼 지속적으로 서서히 진행되는 것이 아니라 급속하게 진행되며, 남편의 경우에는 이미 사라졌다고 여겼던 능력들이 순간적으로 잠시 발현된 것으로, 이런 "호전된 상태"가 얼마나 유지될 것인지는 아무도 모른다는 것이다. 어쨌든 경과는 뒤집을 수 없다는 것이 의사들의 소견이었다.

그러나 이는 구체적으로 무엇을 뜻하는가? 대응불능의 시간이 다시 반복될까 봐 두려워해야 한다는 것인가? 상상하기 싫지만, 남편은 정신적 능력들이 쇠퇴하고 주변과의 소통도 없게 되었던 과거의 저 국면, 세계가 그에게서 조각나 선택적으로만 그것을 인지할 수 있었던 국면으로 다시 돌아가야 하는가? 당시에는 몇 주일이나 그에게서 모든 기억이 사라졌고, 끔찍하게도 무엇인가 감정을 말로 표현할 가능성까지도 상실한 바 있었다. 문장의 첫머리는 분명하게 발음했으나, 그 뒤부터 나와야 할 낱말들은 제대로 이어지지 않았다. 아마도 그는 조금 전에 하고 싶던 말들을 갑자기 기억해내지 못하는 것 같았다. 그는 하던 말을 멈추고, 어찌할 바를 몰라서 어깨를 으쓱하다가 침묵에 빠지곤 했다.

그러면 그는 몇 달간 침묵하면서 거의 말을 하지 않았다. 어쩌다가 말을 해도 아무런 의미 없이 공허한 낱말들만 내뱉을 뿐이어서 그가 대체 무엇을 원하는지 알 수가 없었다. 그러다가 왠지 못마땅하면 공격적으로 바뀌어 화를 내고는, 침울한 표정으로 있다가 급기야 울음까지 터트릴 때도 있었다. 반면에 자신의 욕구를 만족하게 할 만큼 의사가 잘 전달되면 고맙다는 듯이 미소를 지어 보였다. 이런 그의 모습을 보면서 매번 모든 것을 이해해야 한다는 것은 슬프기도 했지만, 때로는 답답한 마음에 울화가 치밀어 오를 때도 있었다. 이럴 때면 나는 남편이 우리가 접근할 수 없는 다른 세계에 사는 것이라고 느꼈다.

그러나 어쨌든 그가 간혹 우리의 현실로 되돌아오는 것처럼 보이는 지금, 나는 이것이 정말 사실인지 확신이 서지 않는다. 솔직히 말하자면, 나는 그가 적어도 가끔은 이제까지는 없었던 매우 번거로운 방식으로 고통을 당하는 것 같다는 인상을 받는다. 따라서 앞으로 어떻게 그를 도와야 할 것인가 하는 것이 내게는 점점 더 절박한 물음으로 다가선다.

"나는 그의 육체적이고 감정적인 안정을 가장 잘 유지하도록 모든 일을 다 하겠다." 이것이 간병을 맡은 여성 마르기트에게 내가 해줄 수 있는 확실한 대답이다. 그녀는 남편을 데리고 동물원과 슈퍼마켓에 가고, 종종 놀이터에도 들르고 산책도 나간다. 때로는 함께 외출하여 남편의 친구들을 만나고, 때로는 조용한 장소에서 주위의 경관을 즐긴다. 그녀는 그가 즐겨 먹는 음식을 정성껏 만들어 주고, 그가 좋아하는 단조롭고 반복되는 리듬의 민속 음악도 들려준다.

마르기트는 남편이 고집스러운 어린애처럼 굴든가 또는 서글프게도 애정에 목마른 절망적인 고령의 사내처럼 행동해도 다 받아주고 있다. 그녀는 모든 일에 협조적으로 그를 돕는다. 이런 그녀에게 남편은 포옹하거나 어깨를 쓰다듬으며 미소를 짓는다. 뭐랄까, 그 자체에 의미를 내포하고 있는 호의적인 제스처라고나 할까?

잠시 뒤에 남편은 그녀에게 치근거리며 덤벼든다. 그녀는 남편의 팔을 꽉 잡고 밀쳐내면서, 친절하지만 단호한 어조로 "옌스 교수님, 이래서는 안 되는 거예요"라고 말한다. 그는 그녀의 말뜻을 알아듣는다. 그렇지만 아마도 말의 억양이나 제스처를 통하여 말뜻을 이해하는 것처럼 보인다. 아무튼 그는 부끄럽고 민망한 표정으로 "죄송합니다"라고 대답한다.

서글프고, 부끄럽고, 소외되고, 절망적인 상태! 이런 말들이 내 남편의 현재 상황에 정확하게 들어맞는다. 나는 물론 이와 같은 처지에 대하여 눈을 감아서는 안 될 것이다. 그러나 이 때문에 삶이 그에게 기대할 것이 없는 것으로 되어 버렸다는 의문은 여전히 풀어지지 않는다.

나는 해결점을 찾지 못한 채 계속 망설이고 있지만, 그럼에도 내가 할 수 있는 것을 명확히 해야만 한다. 나는 남편의 상태에 대한 나의 지식과 경험의 한계가 어디에 있는지를 인식해야만 한다. 나는 그가 수십 년간 살면서 내가 가장 잘 알고 있고 소통할 수 있다고 생각했던 사람이 더 이상 아니라는 사실을 받아들여야만 한다. 설령 우리의 사회가 일찍이 문제들에 대해 주로 토론과 논의, 상호 간의 의사교환을 통하여 결정되어 왔다고 해도, 나는 이제 남편에 대한 나의 무지를 인정하면서 나의 감정적인 배려에만 관심을 기울일 것이다. 현재로서는 감정적 측면, 직관적 감정이입만이 나와 남편이 서로 소통할 수 있는 유일한 통로이다. 그가 매번 보내오는 신호를 올바르게 해석하기에는 나의 지식과 지적 노력이 충분하지 못하다면, 그가 말하는 것을 어찌면 나의 감정이 자연스럽게 받아들일지도 모를 일이다.

　정말 그렇게 될지, 그리고 나의 결심이 항상 변함이 없을지는 나도 알지 못한다. 그러나 일단 나의 가장 중요한 과제는 내 남편을 품위 있는 죽음에 이르도록 돕는 것이 아니라, 모든 제약과 두려움, 자기상실의 공백상태에도 불구하고 누가 봐도 품위 있다고 여겨지는 삶, ― 실망과 기쁨, 굴욕과 인정이 교차하는 ― 삶으로 인도하는 것이다. 나는 "처분에 맡긴다anheimstellen"라는 옛 독일어를 새롭게 사용하고자 한다. 나는 우선은 그 밖에 다른 가능성을 보지 못하고 있다. 나는 '처분에 맡긴다는 것'이 나의 모든 행위와 책임을 회피하려는 소극적 과정이 아니라는 것을 스스로 잘 알고 있다. 어쩌면 나는 남편을 지극정성으로 간병하는 마르기트 헤스페를러의 자세로부터 무엇인가를 배울 수 있게 될지도 모른다.

튀빙겐, 2008년 12월

안락사 문제에서의 20 논제 – 한스 퀑

머리말

나는 신학자이자 기독교인으로서 안락사에 관한 20논제들에 관해 거론할 것이다. 그러나 이 논제들은 근본적으로 이미 1994년 튀빙겐 대학에서 나의 동료이자 친구인 발터 옌스와 함께 강연하고 『품위 있는 죽음』이라는 책으로 출간했던 내용을 바탕으로 하고 있다. 이 책에서 주장하는 "자기책임에 대한 옹호"와 관련하여 나는 발터 옌스의 견해에 동의하고 있다. 나는 이제 많은 환자뿐만 아니라 의사들과 법학자들에게 이에 관해 진지하게 의견을 교환할 것을 제의하는 바이다.

발터 옌스와 나는 우리와도 운명이 매우 비슷한 무수한 익명의 환자들을 대변하고 있다. 그들의 종종 참기 어려운 개별운명은 소란스런 윤리적·법적·신학적 논쟁에 희생되어서는 안 된다. 이들을 위해 나는 신학자로서 30년 동안 생각해 왔던 내 나름의 대안을 개진하고자 한다.

이 서문과 함께 나의 논제들은 2001년 4월 30일 튀빙겐 대학교에서 발터 옌스와 나, 당시의 법무장관 헤르타 도이블러-그멜린 박사 및 기타 몇 사람과의 공개토론을 준비하기 위하여 먼저 〈슈바벤 일간지〉(2001년 4월 28일)에 발표된 바 있었다. 이후 이 논제들은 여기 이 신판을 출간하기 위하여 2008년도에 보다 현실성 있게 보완되었다. 이렇게 하는 데에는 내 튀빙겐 대학교 동료인 의료윤리학 교수 게오르크

마르크만Georg Marckmann 박사가 큰 도움을 주었다. 그는 특히 법률적 상황에 대한 가장 최근의 동향에 대해 많은 정보를 제공해 주었다.

논제 1

기독교인의 신념에 따라 인간 자신에게 감사할 일이 아닌 인간의 생명은 분명히 하느님의 선물이다. 그러나 동시에 생명은 하느님의 뜻에 따라 인간에게 주어진 과제이기도 하다. 인간의 생명은 따라서 우리 자신의 책임 있는 처리에 맡겨 있다. 이는 삶의 최종단계인 죽음에도 마찬가지로 통용된다. 그리고 그 책임은 사정에 따라서는 전권대리인에게 양도될 수 있다. 안락사는 최종적 삶을 돕는 행위로서 이해될 수 있다.

기독교인에게 있어서 자율은 하느님의 율법에 기초해 있다. 몇몇 신학자들은 모든 인간은 "처리되는 마지막 순간"에 이르기까지 견뎌야만 하며, 생명을 "때 이르게" 반환해서는 안 된다고 말한다. 그렇지만 우리의 자비로운 창조주 하느님은 인간의 생명을 어디에서도 결코 순수 생물학적 내지 식물적 생명으로 "처리하지는" 않았다. 참을 수 없는 고통 때문에 자유롭고 책임에 따라 이루어진 (확실히 파괴된) 생명의 반환은 "때 이른" 것이 아니다. 죽음은 늘 인간의 적은 아니다. 우리는 포괄적이고도 차별화된 죽음의 자비로운 윤리가 필요하다.

논제 2

원칙적으로 "살 가치가 없는" 삶(생명)이란 존재하지 않는다. 인간은 불치병, 노쇠, 치매 또는 확실한 의식불명에 의해서도 "비인간" 내지 "더 이상 인간이 아닌 존재"로 되는 것이 아니다.

이와 같은 인간적 관점은 호주의 도덕철학자 피터 싱어Peter Singer와 같은 적극적 안락사의 특정하고 과격한 옹호자[96]에 대해서는 반대 입장을 분명히 해야만 한다. 바로 중증장애인들이 이런 관점에 대하여 (심지어는 논의 자체에 대해서도) 반대하는 것은 충분히 이해될 수 있는 일이다. 싱어의 논제들은 논의를 통하여 공개적으로 철회되어야 할 필요가 있다. 물론 이렇게 할 때에는 나치 시대의 엄청난 죄과를 먼저 물어야 할 필요가 있다. 나치 시대에 이른바 "가치 없는 생명"의 범죄적 대량학살은 오늘날 개인이 자비로운 안락사를 요구하는 것과는 철저히 구분되어야 한다.

논제 3

바로 인간은 말기환자(죽음이 예고된 환자)로서 또는 죽어가는 사람으로서도 최후의 순간까지 인간으로 남아 있기 때문에, 인간적 가치에 걸맞은 삶에의 권리뿐만 아니라 품위 있는 작별 또는 품위 있는 종말

96_ 각주 36, 37 참조.

에의 권리를 소유하고 있다. 치료나 생명연장을 위한 의학적 노력이 아니라 대화를 통한 인간적 배려와 품위 있는 죽음의 노력이 중심이 되는 호스피스운동은 도덕적 지지와 사회적으로나 실천적으로 장려할 만한 가치를 얻고 있다.

우리는 무조건 더 많은 호스피스가 있기를 바란다. 환자가 이를 원한다면, 당연히 의학적으로 의미 있는 모든 생명유지의 조치들이 동원되어야 한다. 그러나 연명의 권리가 어떤 식으로든 강제적인 연명의 의무가 되어서는 안 된다. 품위 있는 죽음을 가질 권리가 가끔 의료기구에의 무한정한 의존이나 약품사용을 통하여 저지되는 때도 있다. 따라서 약리학적 통증치료 또는 인위적 영양공급을 통하여(예컨대 혼수환자의 경우) 수개월이나 심지어 수년씩 식물인간으로 연명 되는 일이 있어서는 안 될 것이다.

논제 4

환자들에게 지극히 유용한 통증의학은 엄청난 발전을 거듭해 왔고, 따라서 그것은 환자의 통증뿐만 아니라 불안과 공포, 호흡곤란 및 그밖에 다른 증상들을 억제하도록 여러 방면에서 충분히 사용되어야 한다. 통증치료는 수많은 불치병 환자들로 하여금 그들의 고통스런 최종국면을 견디게 할 수 있다. 그러나 그것이 죽기를 희망하는 환자들에 대한 해답은 아니다. 통증은 극도로 고통스러운 환자의 경우 가라앉지 않을 수도 있다. 여기에 한 가지 더 덧붙이자면, 어떤 환자들(예컨대 치매환자들)은 고통에 시달리지 않으면서도 죽기를 희망할 수 있다.

(a) 통증치료 및 통증의학의 확장이 시급하다. 이 분야에서 교수와 학생들의 숫자가 훨씬 더 많이 증가하도록 노력해야 한다. 반가운 일은 튀빙겐의 경우 고령의 중환자들과 불치병 환자들(주로 암환자들)에게 특수한 의학적-심리학적 요법을 통하여 삶의 질을 향상하려는 선구적인 시설들이 점점 더 늘어가고 있다는 사실이다. 하지만 보다 효과적인 계획의 구체화를 위해서는 10년, 20년을 내다보는 장기적인 안목이 필요하다.

(b) 통증의학과 안락사는 서로 동떨어져 있는 것이 아니다. 독일에서는 매년 80만 명 이상이 사망한다. 그리고 총으로 자살하거나 철로에 몸을 던지는 사람들, 고층건물에서 뛰어내리는 사람들 또한 얼마나 많은가! 주도면밀한 자살방지책에도 불구하고 이런 비참한 죽음을 막을 수 없는 경우가 얼마나 허다한가! 이와 같은 사실은 의사들이 환자들과 자살에 대하여 허심탄회하게 의견을 나눌 수 있어야 한다는 것, 그리고 의사들이 환자에게 자살방지의 조치를 하지 않았을지라도 법적인 결과에 두려워할 필요가 없어야 한다는 것을 의미한다.

(c) 현대적 통증치료의 넓은 스펙트럼도 여러 사례에서 나타나듯이 환자에게서 모든 경각심을 빼앗고, 그를 무의지 또는 무의식 상태로 만드는 것을 제외하면, 단지 일시적인 통증완화만을 가져온다. 전문 마취과 의사들 역시 많은 사례에서의 통증은 처리할 수 없었다는 것을 인정하고 있다. 호스피스 요원들도 유사한 경험에 관해 보고하고 있다. 오늘날조차도 의사들은 암에 걸린 말기환자들 가운데 단지 85-

90%에서만 일시적인 통증완화가 이루어질 뿐이라는 것을 경험하고 있다.

(d) 대체로 환자들이 죽음을 희망하는 이유는 참을 수 없는 고통뿐만 아니라, 개인적으로 느껴지는 존엄 및 삶의 의미상실, 또는 건강이 더 이상 회복될 수 없다는 자괴감 때문이다. 여기서 안락사를 원하는 사람의 고통이 예컨대 치유할 수 있는 정신병 때문에 생겨나는 것이라면, 그것은 우리의 논의 밖에 있는 사항이다. 하지만 많은 환자들의 경우 먹고, 호흡하고, 화장실에 가는 등의 일을 더 이상 스스로 행할 수 없다면, 그들은 자신에 대하여 적극적 안락사 또는 의사의 도움에 의한 자살을 생각할 수 있을 것이다. 〈죽음이 예고된 불치병 환자가 의사의 도움으로 삶을 마쳐도 좋겠는가?〉라는 최근의 설문조사에 따르면, 질문을 받은 독일인 응답자의 76%가 "그렇다"고 대답했다는 것이다(2007년 4월 7일자 〈슈피겔〉지).

논제 5

중병환자의 경우 "생명의 단축"이 일어날지라도 고통을 줄이는 것은 감수될 수 있는 일이다. 고통을 줄여야 하는 의무는 이런 경우 인간의 생명을 유지해야 하는 의무보다 우위에 있다.

2004년도에 발표된 〈의사의 임종동반ärztliche Sterbebegleitung〉에 관한 연방의사회의 원칙들은 모든 것을 기술적으로 해결해야 한다고 여기는 의사들에게 생명유지의 의무에 한계가 있다는 것을 보여주고 있다.

연방의사회의 원칙들은 인간이 비참한 상태에 무한히 방치되어서는 안 된다는 것을 표명한 것이다. 의사들에게 "품위 있는 죽음"에의 조력이 의무화되고, 동시에 "철저한 인간적 배려"가 요구되는 것은 당연한 일이다. 물론 판단능력이 있는 환자의 경우, 적절하고 명료한 환자의 의지는 "설령 이 의지가 의사의 관점에서 제시된 진단 및 치료조치와 부합되지 않을지라도" 고려되어야 한다. 반가운 일은 연방의사회의 거듭 수정된 원칙들은 "환자의 자기결정권"을 점점 더 뚜렷하게 부각하고 있다.

논제 6

생명연장을 위한 조치는 "그 조치가 죽음을 계속 지연시키고 진행 중인 병을 더 이상 저지할 수 없다면, 환자의 의지와 일치하여 중단되거나 또는 진행되지 않아도" 좋다.

연방의사회의 원칙들은 그 자체로는 대단한 축복이라 할 약품들과 의료기구들의 오남용을 막으려는 의도가 있다. 그러므로 이런 원칙들은 안락사나 '임종동반'의 문제에서 독일의 의학계가 계속 배워나가는 과정에 있으며, 과거에 서로 대립하던 관점들은 이미 어느 정도 수렴되고 있다는 것을 보여주는 환영할 만한 성과물이다. 여기에는 많은 의사가 책임 있는 결과와 건설적인 해결점을 찾으려고 더욱 분발했다는 점도 고려되어야 한다.

논제 7

삶과 죽음에 대한 결정을 의사에게만 맡기려는 것은 고도로 기술화된 의료체계 속에서 불안과 위협을 느끼는 많은 환자에게 참기 어려운 발상이다. 그렇게 한다면 환자의 개인적 책임의 원칙은 손상된다. 점점 더 많은 의사들 또한 그것을 월권으로 보고 있다.

근본적으로 의사나 판사가 결정을 환자 또는 그의 전권대리인에게 맡길 수 있다면, 그것은 그들에게도 틀림없이 해방감을 줄 수 있을 것이다. 이와 관련하여 아주 좋은 사례가 있다. 3년 동안 혼수상태에 있던 한 여성의 아들은 의사와 협의하여 환자에게 인위적 영양공급을 중지시켰고, 이에 대해 1994년 연방재판소는 아들과 의사에게 내려진 유죄판결을 취소했다.

취소의 사유는 무엇이었을까? 죽기 이미 8년 전에 특정 상황에 처하게 되면 치료를 중지해 달라고 표명했던 환자의 의지를 지방법원이 무시했다는 것이다! 이에 따라 지방법원은 결국 무죄판결을 내렸다. 환자의 몇몇 친구들과 가족들의 증언에 따라 "환자는 식물인간처럼 연명하면서 호스에 매달린 채 이질적인 도움에 의존하고 싶지 않았다"는 "기본자세"가 인정된 것이다. 이 판례는 2003년 3월 17일 고등법원과 대법원의 판결을 통하여 확정되었다.

논제 8

환자들이 더 이상 의사표명을 할 수 없을지라도, 그들은 자기결정권을 상실하지 않는다. 예를 들어 과거에 생명유언장에 문자로 기록된 환자의 표명들은 이런 경우에도 고려되어야 한다. 유언장에 나타난 환자의 의지가 연명치료의 시행에 반대되는 것이라면, 그 의지는 존중되어야 한다.

2004년도에 발표된 연방의사회의 새로운 원칙들 역시 같은 취지로 다음처럼 쓰여 있다. "구체적 상황이 환자가 생명유언장에 기록한 것과 일치하고, 또한 추후의 의지변화에 대한 어떤 근거도 인식될 수 없는 한, 의사표명이 불가능한 환자의 경우에도 생명유언장에 표현된 의료처치의 거부는 구속력을 가진다." 이에 대해 독일에서 이미 자신들의 생명유언장을 작성해둔 수만 명은 진정 고마워하게 될 것이다. 그들은 최종적 심판자로서 모든 것을 결정하는 의사에게 더 이상 후견인 역할을 맡길 필요가 없다.

이렇게 현실적인 발전이 이루어짐으로써, 의사와 간호요원, 판사의 실제업무에서도 이 원칙에 따라 절차가 이행될 수 있으리라는 기대가 가능해졌다. 생명유언장과 관련된 의사들의 교육(그 밖에 다른 직업교육)에서도 미리 작성된 환자의 유언장이 실무에 효율적으로 이어지도록 훈련이 요구된다. 특히 주치의는 그의 환자가 생명유언장을 작성하는 데 실제로 도움을 줄 수 있어야 할 것이다.

논제 9

생명유언장은 모든 다른 유서와 마찬가지로 무엇보다 제한 없이 무조건, 특정한 의료상황들에서 존중되어야 한다. 그것은 의사에게 법적으로 구속력을 지닌다.

연방법원은 2003년 3월 17일의 판결에서 생명유언장의 법적 구속력을 다음과 같이 확정하고 있다. "환자가 의사표명이 불가능하고, 그의 고통이 돌이킬 수 없는 치명적 결과를 가정하고 있었다면, 이것이 —사전에 소위 생명유언장의 형식으로 표현된— 환자의 의지와 일치하는 한, 생명유지 내지 생명연장의 조치들은 중단되어야 한다. 이와 같은 판단은, 인간이 자기책임에 의한 결정을 더는 내릴 수 없는 경우에도, 사전에 의사표명 능력이 있는 상태에서 이루어진 그의 자기결정권을 존중하라고 요구하는 인간존엄성에 근거한다. 환자의 명백한 의지가 입증될 수 없을 때에만, 개인적으로— 요컨대 그의 삶의 결정들, 가치관, 신념으로부터 — 밝혀질 수 있는 환자의 개연적 의지에 따라 생명유지나 생명연장 조치들의 허용이 인정된다."

여기서 '고통이 돌이킬 수 없는 치명적 결과를 가정하고 있었다면'이라는 제한적 조건에는 분명히 문제가 있다. 이를테면 혼수상태나 진행성 치매처럼 특정 상황에 해당하는 환자들에게서 자기결정권을 박탈하고 연명치료를 계속하게 하는 것은 받아들일 수 없는 일이다. 대부분의 사람은 바로 이런 병적 상황들을 사전에 대비하고 싶어 한다. 2005년 6월에는 독일 국가윤리위원회 역시 생명유언장의 제한적 구속력에 반대한다는 성명을 발표한 바 있었다. 여기에는 예컨대 공중문서나 또는 규칙적인 신규작성 의무와 같은 더 이상의 장애절차가 생겨서는 안 될 것이다.

논제 10

위생학과 의학의 놀라운 발전으로 말미암아 무수한 사람들이 새롭고 부가적인 생명을 갖게 되었다. 생명의 연장은 "자연스러운 수명"에 근거한 것이 아니라 바로 인위적인 위생학적-의학적 개선에 의한 것이었다. 100년 전만 해도 독일에서 기대수명은 불과 약 35년이었던 것이 현재는 70년 이상으로 연장되었다. 그러나 이 때문에 많은 사람의 경우 오랜 세월 영구적 식물상태(PVS = Persistent Vegetative State)로 살아가게 되었다.

이와 같은 새로운 상황에 따라 자살방조 및 부탁에 의한 살인의 경우에도 새로운 시각이 필요하게 되었다. 자살방조는 현재 형사법적으로 처벌되지 않고 있으나, 의사들에게는 실제로 연방의사회의 원칙을 통해 직업윤리적으로 금지되어 있다. 따라서 이 원칙들의 포괄적 적용이 요구되고 있다. 2006년에 있었던 독일 법률가대회의 논제들과 국가윤리위원회의 입장에 따르자면, 의사의 자살방조는 적어도 어떤 면에서든 문제가 되지 않는다. 그렇지만 이익추구의 조직적 자살방조는 엄격히 처벌되어야 한다.

현재 독일의 법에서는 치명적인 약품을 환자에게 단지 준비해 줄 따름인 의사는 무죄에 해당한다. 그러나 의사가 동정심에서 같은 약품을 환자의 입에 넣어주거나 또는 치명적인 주사나 주입기를 환자에게 놓는다면, 고로 부탁에 의한 살인을 한 것이라면, 그는 중형을 받게 되어 있다. 이 경우에도 마찬가지로 입법자는 법 적용을 새로운 상황에 맞추도록 강력히 요구를 받고 있다.

논제 11

의사라면 누구나 중환자의 관심에 따라 행동하면서 죽음을 맞이할 때에도 인간적인 방식으로 도와야 한다는 것은 매우 이상적이다. 그러나 모든 경험에 비추어 보아도 유감스럽지만 그렇지 못한 것이 당면한 현실이다.

많은 사려 깊은 의사들은 비록 양심에 가책이 있을지라도 비밀스럽게 죽음을 돕고 있다. 독일보다 과격한 네덜란드의 안락사법을 반대하는 사람조차도 자신이 같은 상황에 처하게 되면 사적으로는 이른바 "은혜로운 의사"를 희망한다. 그러나 일반 환자는 도대체 어디서 어떻게 그런 은혜로운 의사를 찾겠는가?

상당수의 의사는 여전히 죽음에 대한 현재의 문제성을 실감하지 못하고 있다. 나에게 서한을 보내온 많은 사람 가운데 단 한 사람만이 다음과 같이 토로한 바 있었다. "교수님도 저서에서 인용한 바와 같이, 노인들이 이미 혼수상태에 빠져 있는 경우 그들을 살리기 위해 계속 영구적 식물상태로 끌고 가는 사례들이 이곳에도 적지 않습니다. 나의 어머니도 거의 그런 부류에 속합니다. 어머니는 백 살이 넘어 전혀 인간적 흔적이 없을 정도입니다. 어머니는 매일 침대에서 끌려나와, 몇 시간이고 멍하니 의자에 앉아 최후를 기다립니다. 어머니는 자주 죽음에 관해 말합니다. '사랑하는 주님께서 나를 데려가는 걸 잊으셨나 봐.' 의사에게도 다음과 같이 물은 적이 있었습니다. '나를 좀 죽게 해줄 수 없겠습니까? 나는 어머니를 위한 심장약의 복용량을 줄이거나 점차 중단할 수 없는지를 담당 의사와 상의했습니다. 하지만 그것은 그 의사에게는 전혀 관심이 없었습니다."

그런가 하면 다음은 양로원에서 노인들을 돕는 여성 자원봉사자의 편지 내용이다. "나는 집에서 노후를 보내도 좋은 보통 노인들과는 달리, 실제로 양로원에서 죽는 것은 매우 어려울 수 있다는 것을 곧 알게 되었습니다. 나이가 너무 많은 분은 대체로 의사가 병원으로 넘긴다는 것을 자주 체험하고 있습니다. 구십이 훨씬 넘은 할머니 한 분이 그랬습니다. 그 할머니는 죽음이 임박해 있었는데도 병원으로 이송되어 의료기술로 연명치료를 받았습니다. 그러고는 단 4주일을 더 사셨습니다. 그분을 안락하게 보내드릴 수는 없었을까요? 비슷한 연배의 다른 할머니 한 분도 침대에만 누워서 말을 하거나, 싫고 좋고를 표현도 하지 못합니다. 더구나 가족도 찾아오는 사람이 없습니다. 그런데 어느 날 할머니는 폐렴에 걸려서 병원으로 가야만 했습니다. 그 이후로는 코에 넣은 튜브를 통해 겨우 차만을 공급받고 있습니다."

요즘에는 위를 위한 무균성의 튜브가 이용되면서 재활 가능한 환자들에게 큰 도움을 주고 있다(2007년에는 약 14만 명의 환자가 위에 삽입 튜브를 이용했는데, 그 중 절반은 동의에 의한 것이 아니었다). 그러나 임종을 앞둔 말기환자들에게는 그것이 사정에 따라서는 고통만 연장하는 결과가 될 수 있다. 통증의학 역시 몇 주, 몇 달, 몇 년이고 환자의 생명을 인위적으로 연장하려고 고집해서는 안 된다. 이는 실로 극단적인 결과를 가져올 수 있지만, 아직도 이런 일은 계속 벌어지고 있다.

논제 12

기존의 법적 불안정성과 직면하여 특별한 경우에는 의사들로 하여금 부탁에 의한 살인을 할 수 있도록 하고, 동시에 오남용을 방지하는 적극적 안락사의 확실한 법 규정이 시급히 요구되고 있다.

(a) 독일에서는 매년 80만 명 이상이 사망하고 있다. 대도시에서는 90%가 넘는 사람들이 병원이나 클리닉, 구호소, 양로원에서 죽음을 맞이한다. 이것이 과연 필연적일까? 군소 병원들은 무엇보다 경제적 수익을 고려하여 너무 과도하게 환자들을 받아들인다. 하지만 의사들은 최종 순간을 맞이한 환자를 병원에서 죽게 하는 것은 거의 무의미하다고 비판한다. 병원으로의 무의미한 이송, 구급차를 부르고 입원실을 찾는 소모적인 수고 대신에 임종환자에게 조용히 대화를 나누거나 기도할 시간을 주고, 품위 있는 죽음을 맞이하도록 차분하게 준비할 여유를 주는 것이 오히려 바람직할 것이다.

(b) 자신의 위험을 무릅쓰고 의미심장하고 인간적인 방법을 선택하여 환자들에게 품위 있는 죽음을 맞이하도록 배려하는 의사들은 존

경을 받아야 마땅하다. 이와 같은 행동은 앞서 인용한 서한에서 지적된 의사들의 회피적인 행위보다 환자들에게 훨씬 더 많은 도움을 줄 수 있다.

이처럼 용기 있는 의사들은 환자 친척들의 따뜻한 동조와 법정의 이해를 얻을 만하다. 이런 의사들은 최근의 연방재판소 판결을 통하여 그들 행위의 타당성을 인정받는 추세에 있다. 그럼에도 현재의 법적 상황으로 볼 때에는 의사가 자신이 비밀리에 행하고 있는 것을 감히 공개적으로는 발설하지 못한다. 그러므로 의사의 자발적인 기능을 강조하는 법 규정은 결코 불필요한 것이 아니다.

(c) 현재 논란의 여지가 없는 회색지대와 직면하여 좀 더 확실한 법적 해명이 불가피하다. 형법 제211조와 제212조의 살인에 대한 조항은 이 경우들을 위해 고안된 것이 아니며, 부탁에 의한 살인과 관련된 형법 제216조는 문제성을 해결하지 못하고 있다.

논제 13

당연한 말이지만 독일에서 나치의 강제안락사에 대한 충격이 계속 영향을 미치는 한, 안락사 문제는 아주 민감한 반응에 놓일 수밖에 없다. 그러나 네덜란드와 벨기에, 룩셈부르크의 안락사법에 대하여 독선적 판단을 내리는 자들은 자신들에 대한 반론뿐만 아니라 "적극적 안락사"에 대하여 공감을 표시하는 독일국민의 약 75%를 무시하고 있다. 특히 교회 및 정치권의 몇몇 개별적 대변자들과 불운한 독일의 역사를 들먹거리는 사람들이 이런 부류에 속한다.

네덜란드인들에 대하여 "더 이상 치유되지 않는 야만성으로의 복귀"라고 비난하는 측은 독일인들이 계속 한 극단에서 다른 극단으로 빠지고 있다고 비판한다. 즉, 독일인들이 나치가 명령한 강제안락사에 이어서 지금은 민주주의가 승인하지 않는 자살에 대한 자기결정권을 주장하고 있다는 것이다. 이처럼 독일에서는 안락사를 극단적으로 금기시하는 태도가 고집스럽게 지속하고 있다. 그러나 안락사를 반대하는 교회와 정치권, 그밖에 이해집단의 열성적 대변자들은 다음 세 가지 사항을 소홀히 하고 있다.

〈1〉 독일국민은 통증의학의 강화뿐만 아니라 한계를 인식하고 있으며, 다른 선진국들과 마찬가지로 독일에서도 죽기를 바라는 불치병 환자에게 죽음의 요구를 들어주자는 흐름이 점점 더 커지고 있다. 67%의 국민이 병원에 있는 불치병 환자는 죽음을 선택하고, 의사가 그에게 죽음의 주사를 놓도록 요구할 수 있는 권리를 가져야 한다는 데 긍정적인 대답을 하고 있다(2001년 3월에 시행된 알렌바흐 설문조사).

〈2〉 여러 유럽 국가들, 예컨대 베네룩스 3국을 비롯한 스위스에서는 독일만큼 엄격한 판결과 의료처리가 있을 수 없다. 스위스 의사회는 의사들이 특별한 경우에 자살을 방조하는 행위를 허용되는 것으로 선언해 왔다. 그렇지만 네덜란드와 벨기에와는 달리 스위스에서도 적극적 안락사는 계속 금지되고 있다.

〈3〉 물론 네덜란드에서도 적극적 안락사에 대하여 무조건 면허장이 교부되는 것은 아니다. 여기에는 다음과 같이 까다로운 조건과 절차들이 필요하다. 즉, 불가피한 상황, 참을 수 없는 고통, 자유로우면서도 성숙한 사고에 의하여 여러 차례 표명된 죽음의 소망, 담당의사 외에 제2의 의사에 의한 진단, 지역위원회(법률가, 의사, 윤리학자)의 승인, 모든 절차를 심사하는 국가기관에의 신고가 그것이다. 더욱이 의사는 안락사를 강요받지 않는다.

논제 14

적극적 안락사와 소극적 안락사는 추상적인 개념인 만큼 실제에서 날카롭게 분리될 수 없다. "직접적과 간접적", "행동과 중단", "의도와 인내" 사이의 법적 구분들은 실무의 회색지대에서는 아주 모호해진다.

2006년에 개최된 제66차 독일법률가대회는 안락사에서 적극적, 소극적, 간접적 등의 혼란스런 개념들을 "부탁에 의한 살인"이나 "생명연장 조치의 중단" 또는 "진통조치의 이행" 등의 표현으로 대치할 것을 권고하고 있다.

(a) 네덜란드에서의 입법을 비난하는 측도 독일에 윤리적–법적 회색지대뿐만 아니라 도덕의 이중 잣대가 지배적이라는 사실을 솔직하게 인정하고 있다. 의사들은 대체로 인위적 영양공급의 중단을 이미 "허용되지 않는 적극적 안락사"로 간주하는 경향이 있다. 반면에 스위스의 의학아카데미는 인위적인 음료수 및 영양공급의 중단뿐만 아니라, 돌이킬 수 없는 혼수상태에 있는 환자의 경우 산소 및 약물공급, 수혈, 투석의 중단을 "허용된 소극적 안락사"로 간주한다. 그러나 바티칸

의 신앙집회는 2007년 9월의 교령에서 존데(튜브)에 의한 영양공급을 "중단되어서는 안 되는" 기본적 의료처리의 부분으로까지 기록하고 있다. 따라서 그것은 여전히 독일 연방의사회의 기본원칙과 판결의 배후에서 은연중에 영향을 미치는 요소로 남아 있다.

(b) 인공호흡기 또는 인공신장의 사용중단은 많은 의사들에게도 지극히 "적극적 소극성"으로 보일 것이다(나는 지금 "형용의 모순" 어법으로 말하고 있다). 법학적 관점에서도 이것은 최근에는 명백히 소극적 안락사로 분류되고 있다. 그러나 무엇 때문에 중환자에게 영양공급이나 음료수를 끊는 행위는 이른바 소극적 안락사로 허용되는 반면에, 과도한 양의 모르핀 투여는 유죄에 해당한다는 말인가? 경우에 따라서는 서서히 죽음의 잠에 빠지게 하는 미세한 양의 모르핀이 아마 더 "은혜로울 수" 있을 것이며, 이는 "소극적" 행위에 속한다. 이것이 바로 지금 이 시간에도 적지 않은 의사들이 조용히 실행하고 있는 방식이다.

(c) 독일에서 적극적 안락사는 환자에게 깊은 동정심을 느끼는 의사들에 의하여 자행된다고 한다. 단지 그들은 이런 사실을 말할 수 없을 따름이다. 공적으로는 적극적 안락사에 격렬히 반대 입장을 취하는 의사도 사적으로는 비밀스럽게 이와 유사한 행위에 참여한다. 예를 들어 의사가 모르핀 사용으로 환자가 더 일찍 죽게 된다는 것을 알고 있으면서도, 단지 통증치료만을 위해 모르핀을 투여한다고 둘러댄다면 누가 이를 알아낼 것인가? 반면에 동일한 양의 모르핀을 사용하여 환자를 죽음에 이르게 했을 때, 거기에 의사의 고의성이 있었다면 그것은 유죄여야 하는가? 더구나 의사의 고의성 여부를 어떻게 판단할 것

인가? 이렇게 적극적 안락사는 의사들 자신에게도 아주 까다롭고 성가신 문제로 닥치게 된다. 이와 관련하여 호스피스운동에서도 적극적 안락사는 더 이상 금기시되지 않아야 하며, 이 문제에 대해 솔직할 필요가 있다고 말하는 사람들이 적지 않다.

논제 15

죽기를 희망하는 마음에는 따뜻한 인간적 관심과 배려에 대한 기대, 임종에 이르기까지 누군가와 함께 하려는 열망이 감추어져 있다는 것을 우리는 먼저 알아야 한다. 죽으려는 모든 소망을 처음부터 가식으로만 보는 것은 올바르지 않을 뿐만 아니라, 매우 불손한 생각이다. 독일 의사들의 경우 많은 면에서 완전히 시대착오적인 "히포크라테스 선서"는 더 이상 "죽음의 약품 거부"에 관해 거론하지 않는 세계의사회의 서약으로 대치되는 것이 마땅하다.

죽기를 바라는 마음의 진정성을 왜곡해서는 안 되며, 이런 것을 가지고 논쟁하는 것은 중단되어야 한다. 이념적 또는 종교적 선입견에 사로잡혀 죽음의 소망 자체를 수긍하거나 인정하려 하지 않는 의사들과 사제들이 있지만, 이는 참으로 잘못된 생각이다. 예컨대 거의 20년 동안이나 심각한 골다공증으로 끊임없이 고통을 견뎌야만 하던 팔순의 여성이 나에게 편지를 보내온 적이 있었다. 그녀는 너무나 고통스러운 나머지 17년 전부터는 계속 죽고 싶은 생각밖에는 없었지만, 자신을 도와줄 사람이 없었다는 것이다. 이런 고통으로부터 해방될 수 있는 유일한 출구는 그녀에게 죽음이었다. 실로 인위적 생명연장과 관련하여 혼수상태에 빠져 오랫동안 식물인간으로 연명하거나 치매에 걸리는 것처럼 사람들을 두렵게 하는 것은 없을 것이다. 이런 상황들에 처한다면 죽음을 논의할 수밖에 없지 않겠는가?

논제 16

누구도 죽음을 강요받아서는 안 되지만, 삶 역시 강요받아서는 안 된다. 결정은―임의적인 것이 아니라 양심의 결정으로서―고통을 앓고 있는 당사자에게 주어진다(또는 그의 법정대리인에게 주어진다). 고통을 호소하는 환자가 자신의 상태를 주관적으로 참을 수 없는 것으로 느끼든 아니든, 이에 대해 타인이 판단하는 것은 (그가 의사라 할지라도) 월권이다. 환자에게 의사가 무리하게 간여하는 것은 양자 사이의 신뢰관계를 손상한다.

그러므로 우리는 가족이나 친족 사이에서 일어나는 유산 횡령 등의 조작, 환자에 대한 사회적-경제적 압박 등의 오남용을 막기 위하여 투명한 법 규정을 필요로 한다. 물론 어떤 체계에서도 안락사의 오남용을 확실하게 막을 수 있는 것은 아니다. 독일 인구의 고령화 추세와 위협적 국민병인 노인치매를 감안해 볼 때, 어떤 법적 체계를 세울지라도 이로 인한 사회적 압박은 작용하게 마련이기 때문이다.

환자에 대한 경제적 고려가 결코 결정적 요인이 되어서는 안 되겠지만, 처음부터 그것이 부도덕한 것으로 치부되어서도 안 될 것이다.

현재 독일에는 72만의 알츠하이머병 환자들이 가족에 의해 보호를 받고 있지만, 슈피겔지에 따르면 가족이 이들을 감당하기에는 턱없이 힘에 겨운 실정이라는 것이다(2008년 6월 23일자). 자주 인용되는 의사와 환자의 신뢰관계는 법적으로 투명하게 규정된 안락사를 통하여 손상되는 것을 방지할 수 있다. 네덜란드가 그것을 입증하고 있다.

논제 17

"살인 해서는 안 된다"는 계명은 안락사와 관련하여 여러 가지로 해석이 가능하다. 생명을 끝내는 행위가 비천한 동기로부터, 다시 말해 환자의 의지를 거역하는 악의와 폭력에 의하여 일어난다면, 그것은 살인행위이다. 그러나 생명을 끝내는 행위가 비천한 동기가 아니라 피상적이고 경솔한 동기로부터 일어난다면, 그것은 무책임하다(이를테면 왕성하게 활동할 시기의 남자가 사업 실패로 자신의 가족을 고려함이 없이 생명을 끝낸다면, 그것은 무책임한 행동이다). 단적으로 말해, 생명을 끝내는 행위에는 책임이 동반되어야 한다.

극작가 실러는 "생명이란 선한 사람들에게는 지고한 것이 아니다"라고 말한 바 있다. 이는 성서와 전통 가톨릭의 관점과도 상통한다. 생명의 "불가침성"은 무조건적인 것만은 아니다. 더 높은 가치를 위하여 생명을 침해하거나 희생하는 일이 있을 수 있다. 개인적이든 집단적이든 정당방위를 위한 살인, 인질을 구하기 위한 발포, 국가 간의 무력행위는 도덕적으로 허용될 수 있다. 자살이라는 말도 더 이상 오용되어서는 안 될 것이다. 성서에서는 자살을 금한다는 말이 어디에도 나오지 않는다. 예수를 배신한 유다는 아니겠지만, 아비멜렉, 삼손, 이스라엘 최초의 왕 사울의 자살은 부분적으로 인정되는 것으로 보인다.

논제 18

하느님 안에서 영원한 생명을 믿는 사람은 가능한 한 속세에서의 무한정한 생명연장 따위에는 초연할 필요가 있다. "만물은 특정한 시간이 있고, 하늘 아래 모든 것은 때가 있나니, 날 때가 있고 죽을 때가 있다"(전도서 3장 1-2절에서 인용). 이처럼 인간이 더 이상 삶의 희망이 없을 때, 인간은 죽을 수 있는 권리를 소유한다.

우리는 1968년에 있었던 교황 바오로 6세의 〈인간 생명Humanae vitae〉 교서와 이에 따른 (인공수정의 금지와도 관련된) 피임 및 낙태 거부 이후로 바티칸에서 아주 많은 것을 경험해 왔다. 이때부터 "윤리적 붕괴"에 대한 성급한 교사선서는 우리에게 전혀 감동을 주지 못하고 있다. 인간생명의 시초와 관련하여 (피임약에 의한!) "인위적 산아제한"을 세기의 오류로 공포한 장본인은, 이제 인간생명의 종말과 관련하여 "인위적 안락사" 문제에서 인위적 영양공급의 중지까지도 금지하고 위존데(위삽입 튜브)의 사용을 지시하고자 한다면, 정말 주의를 기울여야 할 것이다. 만일 그렇게 하지 않는다면, 가톨릭교회의 도덕적 권위가 훨씬 더 불신의 늪에 빠져들 위험이 있다.

특정 의사들이 의사회와 같은 직능단체와 그 인준 거부에 대한 두려움 때문에 침묵을 지키고 있듯이, 다수의 가톨릭 도덕신학자들도 신앙집회와 그 교사직 박탈 절차의 두려움 때문에 함구하고 있다. 예를 들어 1997년 존엄사 안건이 체결된 미국 오리건 주에서는 죽음을 돕는 의사가 있을 경우 환자에게 무시무시한 파국은 일어나지 않는다는 것이 입증되었다.

논제 19

교회들은 극단적 입장을 직·간접적으로 촉구하기보다는 양극단을 중재하고자 노력해야 한다. 개신교에서든 가톨릭에서든 논란이 되고 있는 도덕적 문제에서 실현 불가능한 비인간적 무리한 요구들을 지양하고 이성적 중용의 길을 찬성하는 (무엇보다 의사들과 임종환자를 돕는 사제들의) 목소리가 증가해야 할 것이다. "자살의 제한 없는 권리"를 주장하면서 "포스트 모던적" 방종의 경향을 보이는 무책임한 자유주의를 경계하는 동시에, 반동적 보수의 경향을 보이는 무책임하고 동정심 없는 엄숙주의 또한 경계해야 할 것이다. 이들은 "도저히 참을 수 없는 고통조차 하느님이 주신 것으로 참아야만 한다!"고 주장한다.

수많은 개신교 목사들과 평신도들이 분노할 정도로 독일개신교회(EKD)의 몇몇 책임자들은 가톨릭 교리의 엄격한 논제들을 너무 무차별적으로 받아들이고 있다("개신교회의 비밀스런 로마화" 현상). 이로 인해 무엇보다 독일의 수백만 기독교인들이 피임에서 안락사 문제에 이르기까지 종교적–윤리적 방향성을 교회의 밖에서 찾는 것도 놀라운 일이 아니다. 현재 개신교와 가톨릭 두 종파에서 유감스럽게도 점점 사라져가는 부음 및 장례식에서의 기독교적 상징이나 신앙의 표현은 교회들의 신뢰성 상실과 결코 무관한 것이 아니다.

논제 20

생명의 종식이 책임 있게 이루어진다면, "살해"라는 말은 다시는 나오지 않게 될 것이다. 그러나 부탁에 의한 살인은 고통스러운 인간의 자유의지를 존중하는 안락사 행위, 주어진 죽음의 절차에서 "도움의 행위"로서 이해될 수 있다. 환자의 입장에서 볼 때에도 "자유의지에 의한 생명의 양도"라는 말이 있을 수 있는데, 이는 죽음이 임박했지만 침착하게 죽을 각오와 준비가 잘 되어 있을 때, 그리하여 순종하는 마음으로 겸허히 감사해 하면서 뭔가 희망을 품을 수 있을 때를 가리킨다. 다시 말해 인간을 가능한 한 고통과 아비규환의 지옥에 오랫동안 빠트리려는 무시무시한 압제자가 아니라, 자비로운 창조주 하느님의 수중에 "생명을 반환하는" 때를 의미한다.

오늘날 점점 더 많은 사람이 언젠가 때가 오면 의식적으로 준비를 잘하여 죽기를 바란다. 그들은 (TV에 자주 나오는 것처럼) 비참하고 암담한 환경에서 외롭게 죽는 것이 아니라, 진정으로 품위 있게 죽기를 희망한다. 마지막까지 의사들과 간병인들, 친척과 친구들에 둘러싸여 영적으로 위로를 받기를 원한다. 어쩌면 그들은 죽음의 순간에 새로운 생명, 시공을 초월하는 신적 차원의 다른 생명을 기대하는지도 모른다.

그렇다! 이렇게 초월의 세계를 제시하면서 나는 자연과학, 의학, 철학 등에서 종교의 방향으로 넘어가고자 한다. 나는 이 책의 대미를 장식하게 될 짤막한 명상적 사고를 통하여 이를 구체적으로 설명할 것이다.

새로운 삶으로의 부활 – 한스 큉

우리 인간의 죽음은 필연적으로 다음과 같은 물음들과 부딪친다. 죽음과 더불어 모든 것은 끝나는가? 죽으면 정말 모든 것이 끝이란 말인가? 그것이 아니라면, 사후에 새로운 삶 또는 영원한 삶이 존재하는가?

오늘날 얼마나 많은 사람, 특히 얼마나 많은 젊은이가 영원한 삶에 대한 신앙을 잃은 채 살아가는지 나는 분명히 확인할 수 있다. 이에 대한 설문조사는 문제 제기와 해석에서 질문자나 해석자가 어떻게 하는가에 따라 영향을 받는 일이 잦아서 믿을 만한 것이 못 된다. 어떤 조건에서든 설문의 결과보다는 마음속 깊이 하느님과 영원한 삶을 믿는 독실한 기독교인들이 더 많으리라고 여겨진다. 그러나 종교가 없는 젊은이들의 수가 증가하면서 사후의 삶에 대한 믿음 또한 현격히 줄어들고 있는 것도 틀림없는 사실이다. 원인은 여러 가지로 설명될 수 있다.

동독의 경우 세계대전 이후 마르크스주의가 학교와 당, 국가에서

40년 동안 무신론적 교화과정을 거치며 성공적으로 자리를 잡았다. 마르크스주의는 깊은 신앙심을 갖지 못했거나 합리적 사고가 결여된 많은 사람에게서 하느님과 영원한 삶에 대한 믿음을 내몰았다. 종교는 일반적으로 그리고 원칙적으로 미신이자, 환영, 거짓, 나쁜 의식이라는 것이다.

서독과 서구에서는 실용적 물질주의가 종종 천박한 대중문화 내지 오락문화를 통하여 영원한 삶에 대한 물음을 다면적으로 제약하고 심지어는 금기시했다. 누군가 이런 물음을 제기하기라도 한다면, 그는 조롱을 당하거나 냉소적인 반응에 주눅이 들기 십상이다. 개신교나 가톨릭 할 것 없이 기본적인 부활의 메시지는 사람들에게 성서에 따른 부활경험의 본질 대신에 수많은 설화와 신화, 말도 안 되는 공상적 이야기라는 식으로 받아들여지게 되었고, 이 때문에 기독교는 결정적으로 쇠퇴의 길에 접어들게 되었다. 이는 교회에 다니는 젊은이들의 수가 급격히 줄어들었고, 예배와 세례, 결혼식, 목사 또는 신부의 서품식이 현격하게 드물어진 것으로 보아도 잘 알 수 있는 일이다.

이와 같은 쇠퇴의 흐름이 머지않아 복구될 수 있을까? "마법의 새가 수많은 사람의 가슴에서 노래를 자아냈듯이"(고트프리트 켈러), 하느님과 영원한 삶에 대한 믿음도 다시 사람들의 가슴에 찾아오게 할 수는 없을까?

많은 사람은 물론 아무 생각도 없이 믿음과 불신, 미신 사이에서 흔들리며 살아간다. 그렇다고 영원한 삶에 대한 믿음이 완전히 소멸한 것은 아니다. 믿음은 점성술이나 예언, 밀교의식 등의 도움으로 지나치게 진부한 일상을 넘어서고 초월하려는 온갖 가능한 형태의 운명론으로 스며들었다. 삶의 공허함을 견디는 것은 참으로 어려운 일이다. 따라서 영성靈性, 명상, 내면에의 침잠에 대한 욕구가 교회의 위기에도 불구하고, 아니 교회의 위기로 말미암아 널리 퍼지게 되었다.

적지 않은 사람들은 현세에 너무 매달리는 것이 얼마나 어리석은지를 깨달았다. 아무튼 누구도 피할 수 없는 죽음은 현세에서의 행복 추구와는 화해되지 않는다. 그렇다! 손으로 잡을 수 있고 계산적이며, 조작이 가능한 현실을 넘어서고 초월하는 현실에 대한 물음, 죽음에서의 초월에 대한 물음은 우리에게 아직 미해결로 열려 있다. 우리는 이 초월과 관련하여 나의 튀빙겐 대학동료 에른스트 블로흐와 같은 마르크스적 무신론자에게도 점점 더 중요해졌던 "어쩌면"[97]이라는 말을 사용해도 좋을 것이다.

인간이 인간으로 만들어진 이래로, 일상의 현실을 넘어서는 초월적인 현실을 인간들은 항상 고려해 왔다. 황토로 덮여 있던 네안데르탈인들의 묘지뿐만 아니라 이집트에 있는 파라오들의 피라미드, 중국 황제들의 무덤들이 이를 입증한다. 나아가 전 세계에 산재한 무수한 유대인들의 교회당, 기독교인들의 교회, 이슬람 사원들도 이를 입증한다. 죽음에 있어서 초월의 온갖 표징들은 지구의 모든 문화와 인류사의 모든 세기에서 발견될 수 있다.

지극히 합리적 사고를 지닌 21세기 초의 사람들은 종종 다른 견해

97_ 각주 19 참조.

를 표명하곤 한다. 그들은 이미 이 세상에 없는 망자는 이야기와 생각, 기억 속에만 살아 있을 따름이라고 말한다. 망자는 다 타버린 초처럼 문드러지고, 영과 육이 분리되고, 결국은 형체 없이 무無로 사라져 버렸다는 것이다. 그러므로 초월적 현실이란 없다고 주장한다. 이에 대해 불교는 모든 번뇌가 꺼지고 고요함에 들어간다는 이른바 "열반에서의 적멸寂滅"이라는 말로 가장 좋은 대답을 주는 것처럼 보인다. 하지만 '적멸'은 대부분의 불자들에게 전멸이나 총체적 해체가 아니라, 최종적 현실, 어떤 인간적 개념으로도 파악될 수 없는 가장 높고 심원한 현실로 들어간다는 것을 의미한다.

초월적 현실을 완전히 무가치한 것으로 보려는 주장들이 있는 것도 사실이지만, 이들의 논증은 설득력이 없다고 생각한다. 만일 우리가 사랑하는 사람들이 새로운 생명을 얻어서 실제로 다른 차원에서 살기를 원한다면, 그것은 단지 소망에 불과한 것일까? 무엇 때문에 우리는 우리의 삶, 노동, 투쟁, 고통, 사랑이 무無에 파묻혀 사라지는 것을 바라지 않는 것일까? 우리의 근절할 수없는 소망, 생각, 상상이 아주 새로운 저 초월적 현실과 일치할 수는 없을까?

우리가 존재하기를 바라지 않기 때문에 아무것도 존재하지 않는다는 것도 틀림없는 말이다. 반면에 우리가 존재하기를 바라기 때문에 무엇인가 존재할 수밖에 없다는 것도 올바른 말이다. 철학자들 역시 영원한 생명이란 "단지 계획된 상像"에 불과하며(포이어바흐), 이해관계와 결부된 감언이설(마르크스)이자 유아기적 환상(프로이트)이라고 주장하는 사람들에 대해 바로 이와 같은 논증을 제기한다. 프로이트가 종교를 빗대어 주장했듯이 "인류의 가장 오래되고, 가장 강렬하고, 가장 절박한 소망"의 성취란 없으며, 이와 관련하여 인간들은 수천 년 동안이나 환상을 만들어 왔다는 것도 그럴싸한 말이다. 그럼에도 불구하고 이와는 반대 또한 있을 수 있는 것 아닐까?

나에게는 나 자신의 개인적 행복에 대한 소망뿐만 아니라, 보편적 정의正義에 대한 소망이 동시에 중요하다. 우리는 수없이 자신에게 질문들을 던진다. 얼마나 종종 이 땅의 결말이 미해결로 남아 있는가? 얼마나 종종 형리가 희생자를 누르고 승리하는 것처럼 보이는가? 철학자 호르크하이머의 말을 빌려 표현하자면, 우리가 살인자의 승리를 바라서야 되겠는가? 수천 년 동안의 피와 땀, 눈물, 온갖 고통이 헛된 것이었기를 바라서야 되겠는가? 확고한 행복이 모든 인간, 경멸당하고 유린당한 사람들에게도 결국 가능해져야 하지 않겠는가?

다른 한편으로 나는 우리가 행복의 흔치 않은 순간들에 만족해야만 하며, 일상적으로 일어나는 불행 또한 감내해야 한다고 주장하는 것을 비합리적 요구라고 생각한다. 그리고 가장 강력하고 냉혹한 자들이 대부분 그들의 의지를 관철해 왔으며, 인간과 인류의 생명 또한 무자비한 자연법칙이나 우연과 적자생존이 지배적인 사회–경제적 힘의 법칙에 의하여 규정된다는 주장 또한 터무니없다고 생각한다. 죽으면 결국 모든 것이 끝이라는 사고가 이들에게는 당연시되고 있는 것이다.

어쨌든 나에게 한 가지는 확실하다. 나는 나름대로 임마누엘 칸트라는 비판의 대가를 알고 있는데, 누구도 칸트만큼 최종적 현실은 무가치하고, 인간은 죽어서 무無의 상태가 된다는 것을 적극적으로 증명하려던 사람은 없었다. 칸트는 시간과 공간 내에 속하지 않는 현실, 초월적 현실에 대해서는 어떤 인식도 자연과학적 증명력을 얻을 수 없다고 파악한다. 그러나 반면에 "누구도 이성의 순수사변을 통하여 모든 것의 원초적 근원인 최고 본질이 존재하지 않는다는 통찰을 얻을 수 없다." 이렇게 "순수이성"을 증명할 수 없을지라도, "영혼의 불멸성"은 칸트에게 의지의 자유 및 신의 실존과 더불어 인간의 윤리적 행위에 대하여 무조건 필연적이다. 그러므로 "실천이성"의 요구는 윤리학의 토대이다![98]

그렇다면 또 다른 적극적인 대답이 존재하는가? 그렇다. 누구도 이처럼 적극적으로 입증한 일이 없었다. 생물학적이 아니라 임상학적으로 사망했던 많은 사람의 죽음의 체험[99]이 그러하다. 하지만 이들의 체험도 — 죽음의 순간에 찾아오는 어렴풋한 빛의 현상에도 불구하고 — 사후의 삶에 대한 간접증거조차 제공하지 못한다. 왜냐하면 이 사람들 모두가 죽음의 문턱에는 도달했지만, 그 문턱을 넘어서지는 못했기 때문이다. 그들은 거대한 문 뒤에 감추어져 있는 것을 경험하지는 못했다.

물론 그들은 "우리가 최종적인 어떤 것에 희망을 품어야만 할 것인가 아닌가?"라는 양자택일에서 결정을 내리는 데 도움을 준다. 그것은 한 마디로 신뢰의 문제이다. 하지만 그것은 감정적이고 비이성적인 신뢰가 아니라, 책임이 동반된 신뢰의 문제이다. 왜냐하면 오늘 여기

98_ 칸트의 "순수이성"과 "실천이성"에 관한 각주 11-14 참조.
99_ 차례 〈죽음의 체험〉과 〈임상학적 사망과 생물학적 사망〉 참조.

에 바로 삶의 현실, 온갖 세상의 긍정적이고 부정적인 경험들, 지속적으로 염원해 왔던 행복한 순간들, 그러나 우리로 하여금 사후의 삶에 대하여 확고한 신뢰를 하도록 부추기는 보상받지 못하고 남아 있는 그 어떤 것이 존재하기 때문이다. 만일 그렇지 않다면 이 삶은 목적 없고 무의미하며, 불안정할 수밖에 없을 것이다. 이런 신뢰는 나에게는 인간이 기대할 수 있는 것 가운데 가장 이성적인 신뢰로 여겨진다.

다시 요약하자면 측정할 수 있고, 물리학적이나 생물학적 또는 수학적으로 증명될 수 있는 것만이 현실적인 것은 아니다. 최종적 현실이란 우리가 눈으로 보고, 손으로 만지거나 잡고, 계산할 수 있는 것이 결코 아니다. 인간이 죽으면 그것으로 끝이라는 생각은 원초의 대폭발이 무에서 연원한다는 상상만큼이나 내게는 정말 이치에 어긋나는 것처럼 보인다.

세계와 인간이 무에서 나온 것이 아닌 것처럼, 사라질 때에도 그것이 무無로 돌아가는 것이 아니라는 것을 나는 굳게 믿는다. 죽음과 사망은 단지 과정에 지나지 않으며, 사후에는 새로운 미래가 찾아온다는 것을 나는 굳게 믿는다.

그렇다! 생명은 죽음보다 더 강하며, 인간은 사후에는 무가치한 현실이 아니라 오히려 가장 의미심장한 현실로 존재하는 최초의 현실을 만나게 될 것이다. 이것이 바로 형식 및 절차 등은 서로 다르지만 유대교도, 기독교도, 회교도의 공통적인 확신이다. 인간이 삶의 최종적 순간에 도달하면, 그를 기다리고 있는 것은 무의 심연이 아니라 유대교도, 기독교도, 회교도가 하느님이라고 부르는 창조주이다. 죽은 자들은 그분 곁에서 새롭게 태어날 것이다.

인간은 죽음을 통하여 그를 둘러싸고 규정하던 모든 관계로부터 풀려나게 된다. 죽음은 세상과의 완전한 관계의 단절을 의미한다. 반면에 죽음은 최종적 현실로서의 하느님과의 새로운 관계를 의미한다. 죽음을 통하여 인간이라는 전체적인 개체에게는 영원한 미래가 제공된다. 이 영원성 속에서 인간 삶의 단편들이 상호 결합하고 완성된다. 삶은 하느님의 불멸의 차원에서는 경험적인 모든 것을 넘어선다. 삶은 이 지상에서처럼 시간과 공간의 제약을 받지 않는다.

아주 많은 환자가 의학의 양면성 때문에 오랜 고통에 시달리며 죽는다. 그러나 이 가운데 누군가 최후의 작별을 고하며 현세의 모든 외적 관계들과 단절할 때, 그는 새롭고 전에는 알려지지 않았던 비밀스러운 관계를 맺게 되리라고 우리는 믿는다. 이런 경우 종종 망자를 위하여 다음의 구절이 사용된다. "생명은 변할 뿐, 없어지지 아니한다. Vita mutatur, non tollitur."

여기서 하느님은 자연의 법칙을 거슬러 임의적으로 간여하는 것이 아니다. 그보다는 자연이 자체의 법칙에 따라 종말에 이르렀을 때 그것을 받아들인다. 그러므로 종말은 끝이 아니라 완성이며, 유한한 자가 무한성으로 들어가게 되는 것이다. 인간은 그의 최후의 결정적인 행보를 우주나 그것 너머 어딘가로 향하는 것이 아니라, 경험의 저편에 있는 현실의 가장 내적인 곳, 무한성이 스스로 문을 여는 곳을 향한다.

이때서야 비로소 무한성은 개념들로 이루어진 것이 아니라 이미 지들로 모습을 드러내는 가장 현실적인 현실형태로서 나타난다. 인간은 세상의 심장, 태초의 영원한 터전과 발판, 영원불멸의 고향에서 나와서 다시 그곳으로 되돌아간다. 그제야 인간은 "초월적 현실"이 어떤 현실인지를 인식하게 될 것이다. 이를 성서의 말씀으로 표현해 보자.

내가 어린아이였을 때, 나는 어린아이처럼 말하고,
어린아이처럼 생각하고, 어린아이처럼 계획했다.
그러나 어른이 되었을 때, 나는 어린아이의 특성을
없애 버렸다.

오늘 나는 청동거울에서 나 자신의 얼굴을 보듯이
하느님을 낯설고 비밀스럽게 예감하지만,
내일 나는 그분을 눈앞에서 보듯이 가깝고 분명하게
바라볼 것이다.

오늘은 내가 부분적으로 알고 있지만,
그러나 나는 앞으로 하느님께서 나를 어떻게 알고
계시는지를 알게 될 것이다. (고린도 첫째 13장)

나의 모든 숙고는 예수 그리스도의 부활을 알렸던 성서의 기록들을 배경으로 하고 있다. 부활에 대한 기록들은 참으로 무수한 사람에게 영원한 생명에 대한 희망과 가능성을 전해준 바 있었으나, 오늘날 많은 사람은 더 이상 그것을 이해하지 못한다. 우리는 다시 이 부활의 메시지가 갖고 있는 결정적인 내용을 새롭게 파악하도록 노력해야 한다.

예수 그리스도의 부활에 대한 가장 오래된 신약의 증거는 대략 35년에서 45년 사이에 나오고 있는데, 그것은 앞에서 인용한 고린도 회중에게 보내는 바울의 첫 번째 편지(15장 4절 이하)에서 발견된다. 이 편지는—비어 있는 무덤과 천사의 출현에 대해서는 언급함이 없이—매우 상세하게 보고서 형식으로 기록하고 있다. "예수께서는 성서에 따라 셋째 날에 일으킴을 받으셨다는 것, 그리고 그분이 베드로의 앞에, 다음에는 열두 제자들에게 나타나셨다는 것이다."

여기서 셋째 날은 성서의 다른 곳에 기록된 의미와는 달리 달력의 날짜가 아니라, 성스러운 날에 대한 상징적인 숫자로서 이해될 수 있다. 부활의 메시지는 훗날의 증거기록들에서는 계속해서 확대되었다. 이는 마가복음의 짧은 메시지와 그 뒤에 나오는 마태복음 및 누가복음, 요한복음과 비교해보면 명확히 드러난다. 이 복음서의 기록들을 대조해보면, 지역과 시간, 인물과 사건의 경과 등 세부적으로 여러 곳에서 불일치하거나 상반되는 점을 발견할 수 있다.

그럼에도 이 상이한 초기 기독교인들의 증거와 편지들, 복음서들은 결정적인 면에서는 서로 일치한다. 즉, 십자가에 달린 분은 살아나셨다! 그는 죽음에 머물러 있는 것이 아니라, 영원히 하느님 곁에 살고 있다. 우리에 대한 희망으로서! 신약성서의 메시지 전달자들은 죽음이 마지막이 아니라는 것, 예수께서는 죽음을 이겨냈으며, 예수를 충실히 따르는 자는 마찬가지로 살게 되리라는 확신을 우리에게 감동적으로 알려주었다. 이를 통해 한 사람의 새로운 생명이 우리 모두에게 실제화될 수 있는 희망이 되고 있는 것이다.

십자가에 달린 분이 살아나셨다? 하지만 여기서 "살아나셨다"라는 말은 무슨 의미인가? 신약성서가 예수의 부활에 대해 사용하고 있는 상이한 표상형식과 이야기구조의 배후에는 어떤 의미가 감추어져 있는가? 이는 우리에게 무엇을 뜻하는가? 나는 이에 관해 다음의 세 가지 측면에서 설명하면서 이 글을 마치고자 한다.

〈1〉 부활이란 시공에 의해 제약된 삶으로의 복귀를 말하는 것이 아니다. 부활은 죽음을 뒤로 돌리는 것이 아니라, 단호히 극복한다는 것을 뜻한다. 프리드리히 뒤렌마트의 연극 〈유성〉에는 불변의 세속적 삶으로 귀환하는 시체의 소생이 다루어진다. 이는 신약성서가 부활을 이해하는 것과는 분명히 정반대의 방식이다. 예수가 일으킨 죽은 자들의 세 가지 소생에 관한 이야기(야이로의 딸, 과부의 아들, 나사로의 이야기)를 가지고 예수의 부활을 혼동해서는 안 될 것이다.

이 땅에서의 잠정적인 소생은 예수의 부활과 같은 것이 아니다. 왜냐하면 예수는 이 땅에서 소생한 자들처럼 다시 생물학적 삶이나 현세적 삶을 살기 위하여 부활한 것이 아니기 때문이다. 신약성서의 이해에 따를 것 같으면 예수는 죽음이라는 마지막 한계를 넘어서서 영원하고 불멸하는 삶, 천국에서의 삶으로 들어갔다. 물론 신약에서도 이에 관해 서로 다르게 표현되어 있기는 하지만, 분명한 것은 예수께서 하느님의 품에 안겼다는 사실이다.

〈2〉 부활은 시공에 의해 제약된 삶을 계속해 나가는 것을 의미하지 않는다. 사후라는 말 자체가 이미 오류라고 하겠는데, 이유인즉 영원성이란 전과 후를 통하여 규정되는 것이 아니기 때문이다. 영원성은 오히려 시간과 공간의 차원을 깨트리는 새로운 삶, 하느님에 의하여 영위되는 눈에 보이지 않고, 변함없고, 불가사의한 영역에서의 삶을 의미한다. 그러므로 그것은 시공에서의 삶의 진행 또는 계속적인 활동과는 무관하다. 종국적으로 새로운 것, 새로운 창조, 새로운 탄생, 새로운 세계와 연관된다. 하느님에 의하여 이루어지는 영원성은 자연계에서 일어나는 "죽음과 생성의 끊임없는 회귀"를 한층 초월한다. 단적으로 말해 하느님의 곁에 있음으로써 종국적인 삶을 영위할 수 있는 것이다!

〈3〉 부활은 적극적이라는 의미를 지닌다. 만일 우리가 비유적으로 이야기하려 하지 않는다면, 부활과 승천은 동일한 하나의 사건으로 이해되어야 한다. 다만 누가의 복음서와 사도 이야기만이 부활의 사건을 신학적 근거로부터 두 가지 과정으로 설명하고 있다. 아무튼 부활의 메시지는 그 모든 상이한 기록에도 불구하고 예수가 죽어서 무의 상태로 된 것이 아니라, 죽음을 통하여 파악할 수 없고 포괄적인 최종적 현실을 맞이하게 되었다는 것을 공통으로 전달하고 있다. 예수는 부활하여 하느님의 나라, 그 어떤 상상을 뛰어넘는 저 정신적 영역에 도달한 것이다.

인간이 종말, 삶의 최후에 도달하게 되면, 그를 기다리는 것은 무엇일까? 이제 믿음을 가진 사람만은 그를 기다리는 것이 "무無"가 아니라, 만물의 주이시며 인간을 사랑하는 아버지 하느님이라는 것을 알

것이다. 그러므로 우리는 죽음이 본래의 고향을 향하는 통로이자 하느님의 따뜻한 품으로 귀환하는 과정이라는 것을 깨닫게 될 것이다. 죽으면 모든 것이 끝난다는 것은 무신론자만이 할 수 있는 말이다.

우리는 슬픔과 작별의 순간에도 죽음에 대한 공포 없이 새로운 삶이 기다리는 미래로 나아가기 위하여 신뢰하는 마음으로 용기를 내야만 한다. 우리는 앞서 떠나간 고인들, 그리고 그들이 우리에게 의미하는 모든 것에게 감사할 필요가 있다. 그러나 동시에 모든 이성을 초월하는 평화, 언젠가는 우리에게도 준비되어 있는 기쁨과 행복을 기대해도 좋을 것이다.

참고문헌

A. Auer, 신학적 관점에서 본 안락사의 문제들, in: Grundmann 외, 암투병 제2권, New York 1980.

A. Camus, 페스트, Bad Salzig 1949.

A. de Condorcet, 인간 정신의 발전에 관한 역사적 서술의 기획, Paris 1794.

A. Eser, 법과 윤리의 긴장 영역에 있는 의사, in: O. Marquard 외 편, 의사 일상의 윤리적 문제들, Paderborn 1988.

A. Eser, 죽음에의 자유, in: Juristenzeitung 41(1986).

A. Zeiger, 안락사. 기본적 물음과 명제들, in: Orientierung Nr. 4, 1975.

Ackermann(aus Böhmen), 죽음에 대한 논박 및 위로의 대화, Stuttgart 1963.

Carson Maccullers, 바늘 없는 시계, Zürich 1962.

E. Bloch, 경향 – 잠복 – 유토피아, Frankfurt 1978.

E. Wiesenhütter, 내세를 향한 눈빛. 죽음의 자기경험, Gütersloh 1974.

Eberhard Jüngel, 죽음, Stuttgart 1973.

Elisabeth Kübler-Ross, 죽음과 죽어가는 것에 관하여, New York 1969.

Elisabeth Kübler-Ross, 서리가 죽음으로 변한다, Stuttgart 1976.

Euripides, 알케스티스.

F. Böckle, 품위 있는 죽음, in: L. Hannefelder / G. Rager 편, Frankfurt 1994.

F. Nietzsche, 차라투스트라는 이렇게 말했다, K. Schlechta 편, München 1955.

Gerhard Schulze, 체험사회. 현재의 문화사회학, Frankfurt 1993.

H. Hegselmann, 안락사에 관한 논쟁, R. Merkel 편, Frankfurt 1991.

H. Hegselmann, 피터 싱어와 인간성 상실, J-P. Wils 편, Tübingen 1990.

H. Küng 편, 세계윤리를 위한 문서화, München 2002.

H. M. Kuitert, 부탁에 의한 죽음. 안락사와 품위 있는 죽음, Gütersloh 1991.

H. M. Kuitert, 죽음에의 소망, Düsseldorf 1972.

Homer, 일리아스 제22권.

I. Kant, 순수이성비판, W. Weischedel 편 전집 제2권, Darmstadt 1956.

I. Kant, 실천이성비판, 전집 제4권, Darmstadt 1956.

I. Kant, 형이상학을 위한 성찰들. 칸트의 필사본 유고, Berlin 1928.

J. Backbier / J. Mourits, 제방은 무너졌는가? 네덜란드에서의 새로운 안락사
　　입법, in: Herder-Korrespondenz(1994) 3호.

J. Blinzer, 예수의 소송절차, Regensburg 1969.

J. C. Student, 1979년 코헨과 1983년 버킹엄에서 발표한 호스피스 10원칙.

J. Fletscher, 환자의 죽을 권리, in: A. B. Downing 편, 안락사와 죽을 권리,
　　London 1969.

Josepf und Julia Quinlan, 퀸란 가문의 사람들이 스토리를 이야기한다,
　　New York 1997.

K. Barth, 교리론 제3권, Zürich 1951.

K. Binding / A. Hoche, 살 가치가 없는 삶의 전멸 허가, Leipzig 1920.

K. Oesterle, 계몽주의의 마지막 철학자 200주년을 기념하여, in: 1994년 5월
　　14일자 슈바빙 일간지.

K. Thomas, 무엇 때문에 죽음에 대해 공포를 느끼는가? 의사와 사제의 체험
　　과 대답, Freiburg 1980.

L. Schmithausen, 열반이라는 예술, in: 철학사전, Darmstadt 1984.

L. Tolstoi, 이반 일리치의 죽음, Leipzig.

M. Heidegger, 존재와 시간, Tübingen 1953.

M. Wander, 삶이 최고의 대안이다. 일기와 서한들, Darmstadt 1980.

N. Postman, 우리는 죽도록 즐긴다. 쇼 비즈니스 시대의 공적 담화, New
　　York 1985.

P. Noll, 죽음 및 사망에 대한 구술. 막스 프리쉬의 죽음의 연설, München 1987.

P. Roth, 아들로서의 나의 삶. 실제의 이야기, München/Wien 1992.

P. Singer, 실천적 윤리, Stuttgart 1984.

R. Leuenberger, 죽음. 운명과 과제, Zürich 1973.

Raymond A. Moody, 사후의 삶, Covington/Ga 1975.

S. Freud, 환상의 미래, Studienausgabe 1X, Frankfurt 1974.

Sherwin B. Nuland, 우리는 어떻게 죽는가, New York 1993.

U. Bräker, 일기와 여행기, S. Voellmy / H. Weder 편, Zürich 1978.

W. Jens, 십자가에서의 최후의 일곱 마디, in: Zeichen des Kreuzes, Stuttgart 1994.

W. Neidhart, 한 사람의 신학자의 입장에서 본 중환자의 자기결정권, in: Schriftenreihe der Schweiz. Gesellschaftspolitik NO. 36, Muri/Schweiz 1994.

Udana V111.

로마교황청 신앙집회(Glaubenskongregation) 선언문, 1993년 9월 17일.

영국 〈Medical Journal〉, 1994년 5월호.

르 몽드, 1994년 5월 21일 A. Woodrow의 기사.

Deutsches Arztblatt(독일의사신문), 1993년 9월 17일자.

안락사의 긍정적 시각:

"생명의 시작"이 인간에게 맡겨졌듯이 "죽음의 권리" 또한 인간에게 맡겨 있다

·

　본서의 저자는 세계적인 신학자 한스 큉과 그의 튀빙겐 대학교 동료 교수인 문예학자 발터 옌스이다. 그들은 〈품위 있는 죽음〉이라는 주제와 "인간은 삶에 대해서뿐만 아니라, 죽음에 대해서도 스스로 책임을 져야 한다"는 구호를 가지고 튀빙겐 대학교에서 여러 차례의 강연회 및 법학자와 의학자가 참여한 공동토론회를 열었고, 이를 토대로 1995년에는 공동저작으로 이 책의 초판을 출간했다. 그러나 2001년 법무장관과의 열띤 논쟁이 벌어진 지 얼마 후 발터 옌스가 치매에 걸리는 바람에 2009년도에 새롭게 개정된 신판은 거의 한스 큉의 주도로 출간될 수밖에 없었다.

　한스 큉은 진보적인 신학자로서 가톨릭의 엄숙주의와는 거리를 지니는 다음과 같은 명제로부터 자신의 논리를 전개한다. "인간의 생명은 분명히 하느님의 선물이지만, 동시에 그 생명은 하느님의 뜻에 따라 인간에게 주어진 과제이기도 하다. 따라서 인간의 생명은 우리

자신의 책임 있는 처리에 맡겨 있다. 이는 삶의 최종단계인 죽음에도 마찬가지로 통용된다. 그리고 그 책임은 사정에 따라서는 전권대리인에게 양도될 수 있다. 안락사는 최종적 삶을 돕는 행위로서 이해될 수 있다."

그는 존엄사(안락사)의 문제를 구체적으로 거론하기 이전에 기존의 죽음에 관한 연구인 이른바 사망학Thanatologie의 역할과 그 흐름을 제시하고, 그동안 사망학이 이루어낸 성과를 강조함으로써 자신의 주장을 가시화하려고 시도한다. 사망학은 독일, 스위스, 네덜란드, 미국 등에서는 이미 뿌리를 내린 학문으로 정착되고 있는데, 처음에는 주로 의사들이 불치병 또는 말기환자들과의 "임종동반" 경험을 통하여 시작되었다. 특히 엘리자베스 퀴블러-로스나 레이먼드 A. 무디와 같은 이 분야의 탁월한 연구자들은 여러 면에서 서로 일치하는 죽음의 제반 현상 및 죽음의 체험을 평생 관찰하고 탐구해 왔다.

퀴블러-로스에 의하면 "죽음의 제1단계(부정의 단계)에서 환자들은 충격과 불신의 반응을 보인다. […] 제2단계(분노의 단계)에서는 분노와 짜증, 원망과 질투가 따르는데, 그 대상은 종종 간병인 또는 가족이다. 자신의 화를 누르고 주변 사람들을 받아들이면 제3단계(협상의 단계)로의 전위과정이 이루어진다. 연명치료 이후에 가망 없음을 절감할 수밖에 없는 우울한 상태가 찾아오는데, 이것이 제4단계(우울의 단계)이다. 끝으로 제5단계(수용의 단계)는 스스로 또는 타인의 도움으로 이루어진다. 이때에는 최종적인 인내심, 인정과 체념, 모든 관계와 단절할 수 있는 능력이 생기게 된다."

한스 큉은 이와 같은 죽음의 통찰이 의사들과 간호사들, 간병인들 뿐만 아니라 가족들로 하여금 "환자의 죽음을 어쩔 줄 모르고 응시만 하는 것이 아니라 그의 죽음이 품위 있는 죽음이 되도록 인간적 공감과 이해를 갖고 죽음을 동반하는 데 큰 도움을 준다"고 평가한다.

실상 안락사의 보다 포괄적인 적용과 법제화를 촉구하려는 저자들의 의도는 많은 부분 사망학의 연구 성과에 의존하고 있다. 이와 관련하여 발터 옌스가 자신의 강연문 〈품위 있는 죽음〉에 미국의 저명한 의사이자 사망학 연구자 셔윈 B. 뉴랜드의 견해를 끌어들이는 것은 매우 흥미로운 일이다. 발터 옌스는 뉴랜드가 그의 저서 『우리는 어떻게 죽는가』에서 적극적 안락사의 오남용을 조심스럽게 경계하고는 있으나, 어느 편에 서 있는지는 분명하다고 언급하면서 다음과 같이 주장한다. 뉴랜드는 "노벨물리학상 수상자 펄시 브리지먼의 생각을 지지하고 있다. 브리지먼은 암에 걸린 상태에서 최후까지 작업하여 자신의 저서가 완성되자 자살로 삶을 마감했다. 브리지먼은 의사들에게 자신의 생명을 끝내줄 것을 요청했으나 거절당한 뒤 […] '지금의 나처럼 불가피하게 삶을 마치는 경우에, 각 개인은 의사에게 대신 그렇게 하도록 요청할 권리가 있다'는 최후의 글을 남겼다. 이에 대해 뉴랜드는 '우리가 현재 안고 있는 문제를 요약하는 문장이 있다면, 바로 이것이다'라고 대답했다."

한스 큉과 발터 옌스의 발표문이 들어 있는 본서 제1부에서 가장 주의를 기울여야 할 사항은 안락사의 찬반논쟁에서 과격한 안락사의 주장이 자칫 무분별한 인간차별과 살인행위, 심지어 홀로코스트와 같은 대량학살로 이어질 수도 있다는 데 대한 각성이다. "예컨대 침팬지의 살해는 인간이 아닌 극심한 정신장애자의 살해보다 더 나쁠지도 모른다"라고 주장하는 과격주의자 피터 싱어의 주장을 한스 큉은 단연코 거부한다. 한스 큉은 "중증장애인들이 이런 관점에 대해(심지어는 논의 자체에 대해) 격렬히 반대하는 것을 우리는 충분히 이해할 수 있다"고 전제하면서 장애가 있는 신생아나 혼수상태에 빠진 환자들도 인간다운 인간으로서 존중되어야 한다는 것이 자신의 생각이며, 따라서 그의 견해는 피터 싱어와는 정반대의 입장에 있다고 강조한다.

제1부에서 저자들이 내세우려는 주장의 요지가 임종환자들에 대한 "과도한 연명치료의 중지"와 "부탁에 의한 살인"(적극적 안락사)의 용인에 있었다면, 제2부에서는 안락사의 실제와 직결된 의학적–법학적 측면이 비교 검토되고 있다. 이를 위해 의학자 디트리히 니트하머와 법학자 알빈 에저의 발표문이 게재되어 있으며, 이어서 문학자, 신학자, 의학자, 법학자 사이에 공동토론이 진행된다.

여기서 의학과 관련된 논점은 다음 네 가지로 요약될 수 있다.

(1) 오늘날 의료기술 및 의료기구의 눈부신 발전을 통하여 오히려 도구의학에 대한 환자들의 공포가 가중되고 있다. 공포의 근거는 의료기구에의 지나친 의존과 환자에 대한 무관심 및 비인간적 의료처리에 있다.

(2) 병원에서 일어나는 현 상황에서의 오류들은 오로지 의학에만 전가될 수는 없으며, 그것은 근본적으로 전체 사회의 문제에서 찾아야 한다. 오늘날 환자들이 병원에서 종종 비인간적인 방식으로 죽고 있다

면, 그것은 예컨대 임종환자를 찾아오지 않는 가족 및 주변 사람들 모두의 책임이다.

(3) 고통에 시달리는 임종환자에게 치사량의 모르핀을 주입하는 등 환자의 "부탁에 의한 살인"이 가능한 해결책인가 하는 것은 아주 까다로운 문제로 남아 있다. 인공호흡기를 끊는 등의 소극적 안락사에 대해서는 토론자 모두가 견해를 함께 하고 있으나, 바로 적극적 안락사의 허용 여부 및 법제화는 각종 오남용의 가능성 때문에 현재 독일 뿐만 아니라 유럽의 다른 나라들에서도 진척되지 못하고 있다.

(4) 생명유언장Living Will, Patientenverfügung의 법적 구속력의 요구 또한 유산상속이나 보험금 횡령의 위험 등으로 인하여 난제를 안고 있으며, 토론자 사이에도 의견이 엇갈린다.

다음으로 안락사와 관련된 법적 문제가 다각적으로 다루어지고 있는데, 가장 첨예한 쟁점으로 대두하는 것은 독일의 형법에서 자살을 돕거나 "자살방조"는 무죄인데 반해 "부탁에 의한 살인"은 유죄라는 사실이다. 독일의 법은 "살해된 자의 명확하고 진지한 부탁을 통하여 결정되었던 살인에 대하여 — 형법 제216조에 따라 — 일반적인 살인에 비하여 가벼운 (6개월에서 15년까지의) 형을 규정함으로써 중도를 선택하고 있다." 이 때문에 실제로 치명적인 약품을 환자에게 준비해 주는 의사는 무죄에 해당하는 반면, 의사가 동정심에서 같은 약품을 환자의 입에 넣어주거나 또는 그것을 주사기로 환자에게 주입한다면, "부탁에 의한 살인"으로 중형을 받게 되어 있다. 이로 인해 생겨나는 여러 가지 모순과 문제점들을 해결해야 하는 것은 차후의 과제에 속한다.

끝으로 저자 한스 큉은 "만물은 특정한 시간이 있고, 하늘 아래 모든 것은 때가 있나니, 날 때가 있고 죽을 때가 있다"라는 전도서의 구절을 인용하면서 하느님 안에서 영원한 생명을 믿는 사람은 가능한 한 속세에서의 생명연장에 초연할 것을 권고하고 있다. 아울러 부탁에 의한 살인은 고통스러운 인간의 자유의지를 존중하는 "은총의 행위"일 수 있으며, 환자의 입장에서도 "자유의지에 의한 생명의 양도"는 죽음이 임박했지만 침착하게 죽을 준비가 되어 있을 때, 그리하여 겸허히 감사해 하면서 자비로운 창조주의 수중에 "생명을 반환하는" 때를 의미할 수 있다고 결론을 내린다.

용어 및 인명 색인